玉不琢不成器　人不学不知道

中国文化中有关衣食住行的100个趣味问题

李山◎主编　默石◎著

金城出版社
GOLD WALL PRESS

图书在版编目（CIP）数据

中国文化中有关衣食住行的100个趣味问题．衣食卷／默石著．
—北京：金城出版社，2010.12（2020.4 重印）
（知道吧系列／李山主编）
ISBN 978-7-80251-775-2

Ⅰ.①中 Ⅱ.①默 Ⅲ.①社会生活－中国－通俗读物 Ⅳ.①D669-49

中国版本图书馆CIP数据核字（2010）第244451号

中国文化中有关衣食住行的100个趣味问题·衣食卷

丛书主编　李　山
作　　者　默　石
责任编辑　杨　超
开　　本　710×1000毫米　1/16
印　　张　10.25
字　　数　75千字
版　　次　2011年5月第1版　2020年4月第2次印刷
印　　刷　保定市正大印刷有限公司
书　　号　ISBN 978-7-80251-775-2
定　　价　29.80元

出版发行　金城出版社北京朝阳区利泽东二路3号
　　　　　邮政编码　100102
发 行 部　(010)84254364
编 辑 部　(010)64214534
总 编 室　(010)64228516
网　　址　http://www.jccb.com.cn
电子邮箱　jinchengchuban@163.com
法律顾问　北京市安理律师事务所　18911105819

序言

人们常说，知识就是力量。其实也可以说，知识就是趣味。得了知识，把自己变得强壮，固然好，可是人生活若无趣味，恐怕要更糟糕一点。

这本“知道吧”的小书，就是增广趣味的东西。涉及的内容，照学科术语说，是“文化史常识”，就是古老历史中人们衣食住行、吃喝拉撒等方面的掌故、趣闻。这方面汪汪如海，小书也只是攫取其中的一部分，计有服饰、饮食、建筑、交通等若干方面。其他方面，将来还会陆续写出。

这些“文化常识”性的东西，说是古代，其实离我们的生活最近。身上穿的，足下走的，特别是到哪儿去旅游或者外出，眼里看的等等，尽是这方面的事情和问题。就以旅游而言，看山、看水、看大庙。看山水好办，凭感觉；看大庙，看大庙里里外外的一切，就得需要点“学问”了吧？这本小书，或许能帮助你！

还值得跟读者多说几句的，是小书的写法。它是采取的谈天说地的调子来写的，作者是这方面的爱好者和有心人。作为爱好者，说起这方面的事情来心情愉快，文字也轻松活泼，尽量在说出些道道来的同时，也说出点味道来。作为有心人，看了这方面的书，默而知之，分门别类，是积累了好多年才有的东西，另外书中有插图，有小知识“贴士”，总之是力求赏心悦目的。

别看是“文化常识”，实际还有问题尚在继续研究中呢。此书中许多话题，或许还是阶段性的看法。告诉大家“最真理”的东西，不是本书的主要目标。若能引起读者您的兴趣，对一些问题也起了“研究”它一番的兴趣，或者以后对这方面的东西更加留意，那才真让小书作者感到自己做了有益的事儿了呢！

最后敬请读者不吝赐教！

李山

（北京师范大学教授、博士生导师）

目录

FU SHI PIAN 服饰篇

目录 CONTENTS

YIN SHI PIAN 饮食篇

目录

服饰篇

FU SHI PIAN

中国文化中，服饰文化是重要的组成部分，其内容涵盖从头上的发冠、身上的衣饰到足下的鞋袜，诸如“足下”“凤冠霞帔”“衣锦还乡”“巾帼不让须眉”“女为悦己者容”等庄重的文化背后隐藏着众多的文化趣味，服饰篇为您一一详解。

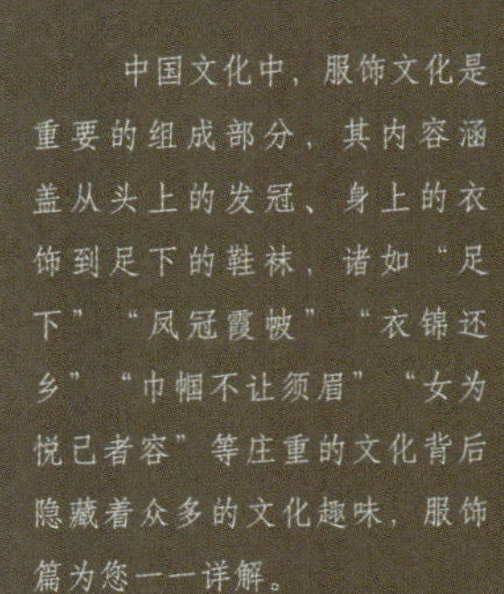

1 称呼语“足下”与鞋子有什么关系？

相传，春秋时期，晋国公子重耳为躲避内乱而逃亡他国，途中经历了种种磨难，不少随行人员都走掉了，只剩下几个忠心耿耿的人依然跟着他。

一次，他们好几天没找到吃的，重耳已经饿得走不动了。这个时候，介子推就偷偷从自己的大腿上割下了一块肉，煮了一碗汤给重耳喝。重耳知道这件事情之后，非常感动，发誓将来一定会好好报答介子推。

19年后，重耳回到了晋国，成了国君，大赏功臣，独独忘了介子推。后来，重耳终于想到了介子推，可是介子推已经带着他的母亲躲到绵山里去了。重耳派人去绵山找介子推，没有找到，便放火烧山，想逼介子推出来。谁知，介子推就是不肯出来，等到大火过后，人们发现介子推和他的母亲一起被烧死在一棵大树下。

晋文公见到此情此景，非常难过，命人将那棵大树没被烧掉的部分锯成了木板，做成鞋底。晋文公常常穿着这双鞋子，并不时哀叹道：

▼ 晋文公复国图

“悲夫，足下！”以此来表示对介子推的怀念之情。这是一段关于称呼语“足下”的趣闻，其中提到了晋文公穿木屐纪念介子推的传说。

木屐因其制作简便，而且穿起来令人清爽，因此受到了气候炎热、多雨潮湿的南方地区人们的喜爱。木屐敲打在地板上发出的声音也博得了一些人的喜爱，相传吴王夫差就曾为西施造了一条“响屐廊”，即在长廊下埋下一排排的大陶缸，廊上铺上一层薄木板，当西施穿着木屐走过长廊时，这廊中便能发出动听的乐声。

▲ 孔子周游列国图

相传，孔子就曾穿着木屐周游列国，途经蔡国之时，他的那双大木屐被人盗走，给他带来了不小的麻烦。汉朝时，木屐不仅是在行军打仗时使用（平板无跟木屐是在蒺藜荆棘丛中行军的最佳鞋具），就连姑娘出嫁也要用木屐做嫁妆，《五行志》中就写道：“妇女始嫁人，作漆书五彩为系。”

到了六朝（包括吴、东晋、宋、齐、梁、陈）时候，士族、贵族穿木屐成了一种时尚，而且他们还喜欢将木屐增高。当时还出现了一种前、后齿（跟）都可卸下的木屐，人们在上山时去掉前齿，下山时去掉后齿，使用起来轻便灵巧。著名的“谢公屐”（谢灵运所穿的木屐）就是这样的。直到宋朝的时候，汴京的老者们还穿着木屐，女子出嫁时也会有一双漆画彩制木屐随嫁。

从鞋具到嫁妆，从平板到高跟，木屐在中国经历了数千年的风云，它之所以受到人们的喜爱，不仅仅是因为它的轻便，更重要的是木屐寄托了人们的一种精神境界。

延伸阅读

● 古人穿鞋有什么讲究？

根据考古发现，中国大概在仰韶文化时期就出现了用兽皮缝制的原始鞋。从商时起，穿鞋开始有了明确的制度规范。汉朝时，帝王大臣祭祀时穿复舄（重木底鞋），上朝的时候穿靴，日常休闲时穿履，出门时则穿屐。隋朝时期，贵族只在家中闲居时才穿鞋子，其他时候都穿靴子。唐取代隋后，人人都能穿靴，不过，上朝时皇帝穿白袜黑鞋，大臣只能穿红鞋红袜。明代的时候，官员穿靴或云头履，儒生大多穿黑色双梁鞋，百姓穿的则是布鞋、蒲草鞋或牛皮直缝靴，缠足妇女穿的则是弓鞋。清朝时，皇帝上朝时要穿方头朝靴，普通官吏们则穿黑缎靴，高级官员则多穿牙缝靴，满人贵族的女子都穿花盆底鞋。另外，清代人还设计了专门在室内穿的拖鞋，雨天穿的钉靴，用于冰上行走的冰鞋。

● 袜子是什么时候出现的？

根据考古资料显示，中国在夏朝的时候就已经有原始袜子了。当时的袜子是人们身份的一种象征，只有上层人士才能穿袜子，《韩非子》中还记录了周文王亲自系袜子带的事情。

古时候的袜子和现在的袜子不一样，袜子一般做一尺长，上端有带子，穿时要用带子束紧上口。西周时期的袜子是用熟皮和布帛做的，后来有钱人家甚至能穿上丝质的袜子，再后来有了绢纱袜子。

男人甘愿臣服于女人，为什么被称作“拜倒在石榴裙下”呢？

石榴本是一种水果，自从汉朝张骞出使西域带回石榴后，石榴一直被中国人视为吉祥之物，因其多子，可寄寓“多子多福”之意。那么石榴和裙子又是怎样的关系呢？

▼贵妃出浴图

传说，唐朝时候的杨贵妃非常喜爱石榴花，唐玄宗为了讨其欢心，于是命人在皇宫各处栽种了大量的石榴树。每当石榴花开之际，他就在石榴花丛中设下酒宴与杨贵妃举杯共饮。杨贵妃每次喝到半酣，双腮绯红，妩媚动人，玄宗就是喜爱她的这种醉态，常常用石榴花来和她被酒染红的粉颈相比。

自从有了杨贵妃之后，玄宗就常常不理朝政，大臣们因此迁怒于杨贵妃，千方百计回避给她行礼。杨贵妃虽然生气，但也无可奈何，照常同玄宗日日赏花、饮酒。杨贵妃不仅喜欢石榴花，而且喜欢穿一种绣满石榴花的彩裙——石榴裙。

一次，玄宗设宴款待群臣，席间他让杨贵妃献舞助兴。杨贵妃没有立即答应，她端起一杯酒送到玄宗唇边，对玄宗耳语道：“这些大臣们平日里对我不理不睬，不给我行礼，一

▲ 宋代妇女“上襦下裙”示意图

点都不尊敬我，我不想给他们跳舞。”

玄宗听了杨贵妃的话后，觉得自己的爱妃受了很大委屈，立即下令，让所有的文武百官见到杨贵妃时都得行礼，拒不跪拜者便以欺君之罪惩处。大臣们敢怒不敢言，从此他们只要见到杨玉环的石榴裙出现在眼前时无不下跪行礼。此后便有了“拜倒在石榴裙下”的说法，后来逐渐演变成了崇拜女性的俗语。其实，并不是一件裙子有什么威力，而是王权在起作用。

杨贵妃穿石榴裙的那个时代，裙子刚刚成为女性专用服饰。

中国人穿裙子的历史已经非常悠久了，大概从懂得纺织技术之前，人们就已经开始穿裙子了，不过那个时候的裙子叫“裳”，汉朝以后人们才正式出现“帬”（即今日所说“裙”）。古时候，中国的男男女女都穿裙子，直到南北朝时依然如此，《北史 · 邢峦传》中写道：“萧深藻是裙屐少年，未治政务”，可见当时男子穿裙之风依然很盛。

裙子成为女子的专用服饰是在进入唐以后，而且还渐渐成了女性的代名词。实际上，唐代时很多年轻女子都很喜欢石榴裙，这种裙子只染成石榴红，不再加染其他颜色，“石榴裙”之名便是因此得来的。据说，年轻女子穿上石榴裙后，往往会显得更加娇俏动人，唐人万楚在《五月观妓》中就写道：“眉黛夺将萱草色，红裙妒杀石榴花”，这里的红裙指的就是石榴裙。

宋元之际的裙子以素雅为主，到了明代以后曾风靡于唐的红裙再度流行，虽然官府规定民间只能用浅淡的颜色做裙子，但是这个时候的裙子的花色极其繁多，因此做出的裙子非常好看。清代时，由于清朝政府的强制规定，男子穿裙几乎看不到了，只有女性可以沿用汉制依然穿裙子。到了清末时，女子穿裙子的也越来越少了，但是一些高门大户依然会要求家中女子穿裙子，裙子代表着一种礼节，是女子端庄的象征。据说清末民初时，穿红裙子还有严格规定，只有夫妇双全者才有资格穿，而且必须是正房太太。

可见，古代中国，一件裙子不仅仅只是一件遮体的衣服，更重要的是一种身份象征，因而是一种文化。

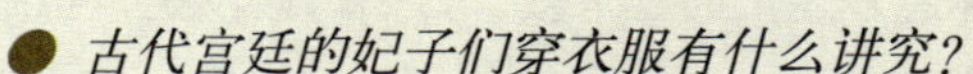

中国古代等级制度非常严格，因此在着装上也有严格的要求，那么当时宫廷的妃子们都穿什么呢？

汉代的皇后服饰有庙服、蚕服、朝服之分。唐朝妃子穿的服装分场合不同有朝服、公服、祭服、常服。到了宋朝，后妃的常服是“大袖、生色领，长裙，霞帔、玉坠子”（《宋史·舆服志》）。明朝妃子所穿衣服主要有袄、衫、霞帔、背子、比甲、裙子等，包括礼服和常服，一般都是凤冠霞帔。清代妃子的服装主要有礼服、公服及常服，其最有特色的就是“花盆底”旗鞋。

百褶裙的传说

在中国，百褶裙的历史已经有1700多年了，而且它的发明其实是一个意外。据说，赵飞燕被立为皇后之后，一次她穿了一条云英紫裙同汉成帝一起游太液池，正当她随着乐声翩翩起舞时，突然一阵大风袭来，赵飞燕便被风吹了起来。成帝见状，慌忙命令侍从拉住她，侍从们在慌乱中拉住了她的裙子。赵飞燕被救了下来，可是裙子上却留下了很多褶子，比原来没有褶子更美了。于是，宫女们纷纷仿效，穿裙子时都喜欢事先将裙子折叠成许多褶痕，并称其为“留仙裙”。这留仙裙便是最早的百褶裙了。

“凤冠霞帔”有什么来历，为何成了出嫁时的礼服？

凤冠霞帔原来指的是封建社会命妇的礼服，例如明制中皇后、妃子、公主一直到九品文官之妻都可以穿戴凤冠霞帔，只是根据身份的不同，在颜色、花纹、装饰及用料上有所不同。自宋代开始，凤冠霞帔是女子出嫁时的特殊装束，普通人家的女子在出嫁那天即可以穿着。据说，凤冠霞帔进入民间还和宋高宗赵构有关呢。

南宋时期，金朮南侵宋的京城临安（今杭州），当时还是康王的赵构因兵败而弃城逃跑。他从临安一路向南走，最后到了宁海西店的一个小村子，眼看追兵就要赶到了。情急中，他见到路边破庙的晒场上有个村姑正坐在谷箩上休息，连忙向她求救。村姑二话没说，将赵构藏在了谷箩内，接着若无其事地继续坐在谷箩上。

▼ 凤冠霞帔

没过多久，金兵追到，村姑骗他们说赵构朝南去了。金兵信以为真，立即“追”了上去。就这样，这位村姑救了赵构一命。赵构对此非常感激并许下诺言，说如果将来他能够重登皇位，他就一定赏封她为“娘娘”，而且还能让她在出嫁时享受到坐花轿、戴凤冠、披霞帔的特殊待遇。

后来，赵构登上了皇位之后果然履行了他的诺言，下令赐封自己的救命恩人为“娘娘”，让她以皇妃之礼——穿戴凤冠霞帔，坐大红花轿出嫁。而且，赵构还对浙江女子格外礼遇，赐“浙江女子尽封王”。从此以后，这个地方的女子出嫁时都能坐大轿、穿戴凤冠霞帔了，这种风俗渐渐地也传到了其他地方。当时，平民女子只有这一天可以享受“凤冠霞帔”的待遇，如果平时也如此着装的话就算是僭越了，因此“凤冠霞帔”也成了女子出嫁的代名词。

▲ 宋仁宗皇后像

凤冠，古代皇帝后妃的冠饰，冠上的饰件以龙凤为主，“凤冠”一名便是以凤凰点缀而得。因为凤凰是百鸟之王，所以只有皇后或是公主才能够拥有它，通常都只是在隆重的庆典（一般指结婚）上才戴的。明代时，皇后受受册、谒庙、朝会时都要戴凤冠，命妇也戴凤冠，不过她们的凤冠上没有凤凰。

“虹裳霞帔步摇冠，钿璎累累佩珊珊”，霞帔，一种形似一条长长的彩色挂带，穿时将其绕过脖颈，披挂于胸前的服饰。“帔”的实物最早出现在南北朝时期，隋唐时候才有了“帔”这个名字。宋时，帔被列入礼服行列，只有身份高贵的女子才能够戴帔。明朝人将原有的帔子美化，使其如彩霞一般绚丽，这才是真正意义上的霞帔。

婚姻是人生大事，因此在结婚礼服上也丝毫不会马虎，特别是女家为女儿准备嫁衣时更是务必做到尽善尽美。中国记载的最早的嫁衣为纯衣，《仪礼·士昏礼》：“女次，纯衣纁袡，立于房中，南面”，可见，周代女子的嫁衣是黑色的。各代的嫁衣各有所不同，样式的变化是肯定的，最有意思的是颜色的变化。唐朝人开辟了“红男绿女”之风，唐制男子结婚时穿绯红色，女子的嫁衣为青绿色，显得既庄重神圣，又热烈喜庆。晚唐时，女子的嫁衣变成了层数繁多，同时还要佩以金翠花钿发饰的礼服——钗钿礼服。宋时，宫廷命妇依然只能穿青色嫁衣，不过庶民结婚则会选择红色嫁衣。真正穿着大红衣服嫁娶的时代应该是明朝，从此以后女子结婚都以红色为装。

为什么说古代女子成人叫做“及笄”？

笄，指的是古代束发用的簪子。一般情况下，女子满15岁时结发、行笄礼表示长大成人，《礼记·内则》有云：“女子……十有五年而笄”。笄礼是古代女子许嫁（订婚）之后，出嫁之前所行的礼，郑玄注：“谓应年许嫁者。女子许嫁，笄而字之，其未许嫁，二十则笄”。

可见，古代女子行笄礼最早为15岁，最迟也不超过20岁，行过笄礼之后便表示这个女子将从一个毫无责任的小女孩转变成一个需要践诺孝、悌、忠、顺等德行的成年女子。因此，后来人们一般称女子年满15岁为及笄，及笄也代表该女子可以出嫁了。

头巾的由来

“巾”最初是劳动者用来擦汗的布，从这个意义上说，这种原始的巾和现在的毛巾其实非常相似。后来，劳动者为了抵挡阳光的暴晒而将其当作帽子裹在头上，头巾因此而来，从那个时候起“巾”同现在的毛巾就不是一回事了。人们所指的“巾”有关男子的一般为头巾，有关女子的一般为佩巾、手巾。后来，一些贵族也开始使用巾，到了汉朝的时候统治阶级用巾裹头的风气开始盛行。

4 “戒指”从什么时候起成了定情的信物？

唐代有一本笔记小说《云溪友议》，记载了这样一个故事：

书生韦皋在游江夏之时，遇到了美丽的少女玉箫，两人很快就相爱了。

后来，韦皋因为思家心切，想要返还故乡，但对玉箫又很不舍得。于是，在临行前，他送了一枚玉指环给玉箫，并许下承诺，他少则五年，多则七年就一定回来娶玉箫为妻。

玉箫怀揣韦皋的戒指，就这样苦等了七年。然而，韦皋却始终没有出现。

玉箫简直是悲痛欲绝，她心想韦皋离开了我，一走就是七年，而且一去不回，看来韦郎是不会回来见自己了。于是，她便绝食而死。

玉箫死后，人们知道了她的事情，都非常同情她。于是，大家便将玉箫埋了，韦皋送给她的那枚戒指一直戴在玉箫的中指上，因此也随她一同入葬。

上面是一则关于戒指的笔记趣闻。其实，戒指成为定情物已是它的衍生之意了。

在中国，戒指的使用至少有两千年的历史。从文献记载看，妇女佩戴戒指应在秦汉之前。戒指在宫廷中除了作为饰物外，还有避忌的

▲玉弦纹环（商）

含义。在据传为赵国人毛亨、毛苌所著的《毛传》中就提到过戒指，书上说，古时候后宫妃子们戴戒指有左右手之分：当一个妃子已经怀有身孕或是来了月经，她便需要在左手戴上金戒指，警示君王不要亲近她；平时，妃子们则在右手上戴上银戒指。因此，在古时候，妇女戴戒指并不是为了炫耀，而是为了禁戒男人和她亲近。从资料上来看，古时候的戒指是后宫嫔妃戴着警示、禁戒君王的一种特殊标记。

传说，有个皇帝选了一个平民女子为妃，这个女子进宫当天，他就下旨要她晚上陪侍。这个女子根本就不想成为皇帝的妃子，而且她当天刚好来了月经，但是又不好意思开口，因此只能暗自流泪着急。一个宫女得知了以后，给她想了一个办法，宫女在她的左手手指上套上了一只白玉环，然后在她的耳旁耳语了一番。

晚上，皇帝来到这女子的住处时，看到女子手指上套着一只白玉

▼ 花卉纹扳指（清）

环非常好奇，就问她戴着这个做什么。女子便回答皇帝说：“这是戒旨，因为我今日见红，因此用它为标记，请您‘戒旨’”。皇帝听到“戒旨”的故事之后只好怏怏地走了。

戒指传到民间以后，除了作为女人妆扮自己的物件外，慢慢成了一种定情信物，男女定情、定亲、成婚时都是以戒指为媒介。

戒指作为定情信物，刚开始的时候可以男女双方互赠，但是到了晚唐时候，这种互赠渐渐转变成只由男子赠给女子。中国古人非常看重信物，送出信物和接受信物均表示许对方一生，倘若双方皆能信守承诺，那么便能够成就一段完美的爱情，否则只能凄凉收场。

▲ 御制诗文扳指（清）

延伸阅读

首饰是女人的专利吗?

首饰的原意是指戴在头上的饰物，男女都戴首饰，后来首饰渐渐扩展成现在的含义，泛指所有戴在身上的饰物。在很早的时候，人们戴过动物牙齿、鱼骨或是贝壳之类的项链。最初的时候，这些人只是想将猎物不可使用的部分保存下来，佩戴在身上，作为炫耀的资本，后来他们开始将这些作为装饰。再后来，他们甚至模仿鸟兽，开始制作冠冕缨蕤。到了春秋时期，人们佩戴的首饰已经非常普遍了，特别是女性，她们的首饰有簪子、耳环、项链、手镯、脚镯等。

古代男人特殊的首饰——扳指

扳指在古时候也叫做鞢，早在商代的时候就已经出现了，当时它属于骑射之具。人们射箭的时候，为了防止弓弦勒伤拇指，因此做了扳指套在拇指上，拉弓时将弓弦嵌入扳指背面的深槽内。因为古代打战都是男人们的事情，因此只有男子才戴扳指。扳指的这一用途从战国时期一直流行到西汉，但是到了后期，扳指作为骑射用具的意义渐渐弱化，而演变成一种装饰品了。当扳指发展成为一种装饰品之后，文官和普通百姓也都开始戴扳指了。清朝时，扳指的使用也有严格的规制——扳指是地位的象征。用翡翠、玛瑙、珊瑚等名贵材料做成的扳指只有皇室贵胄才能够戴。

“绫罗绸缎”往往代指富人的服装，它具体是指什么织品？

中国发明用蚕丝织布历史非常久远了，大概在新石器时代时，人们就发现了野生蚕能够吐丝、成茧，开始慢慢将其驯化成家蚕，并用它们吐的丝来织成柔软的织品。在中国古代传说中，第一个养蚕的人是黄帝的元妃嫘祖。

传说，嫘祖嫁给黄帝之后，常到河滨去。一次她在河滨的树上见到了一个像是鸟卵的白团（蚕茧），掰开一看，里面躺着小虫。嫘祖很好奇，就向当地人打听，人家告诉她这是龙马相交时的遗精所化。嫘祖带了几个白团回家。几天后，白团化出蛾，雌雄相配，产下了不少的虫卵，嫘祖将这些虫卵收了起来。第二年春天的时候，虫卵里生出了小虫，嫘祖便上山采桑树嫩叶喂养它们。这些虫子一天天地长大，嫘祖给他们取名蚕（天虫）。当这些蚕长到白白胖胖，浑身有光泽时，它们便不再吃桑叶。嫘祖于是将它们转移到干草上，不久蚕开始吐丝、结茧。这时，嫘祖便将这些蚕茧扔到沸水中煮，她发现煮过的蚕茧居然能够抽出丝来。从此以后，她便开始种桑养蚕。

▼ 宫蚕图卷（明）

后来，嫘祖将养蚕的方法传授给其他的妇女，这样养蚕抽丝的技术就逐渐传播开来，不过

那个时候人们还不能织出像“绫罗绸缎”这类的精美织品。实际上，“绫罗绸缎”中的绫、罗、绸、缎是指不同的丝织品，因为它们代表着丝织品中的精髓，所以后人便以“绫罗绸缎”来泛指各种精美的丝织品了。

最早的绫表面呈现叠山形斜纹，因“望之如冰凌之理”，所以人们便称之为“绫”，它的特点是细薄、一面光。绫的出现早于西汉，唐宋之际受到人们的热烈追捧。唐时，绫的种类繁多，可以用来做不同的衣服，甚至也用来制官服。当时还有一种用青、白两色丝织成的花绫，用丝极细，质极轻，用于制宫中舞者衣裙，白居易诗云“半匹红绡一丈绫，系向牛头充炭直”，指的便是这种绫，当作货币用。宋代的绫在唐的基础上又增加了新的花式，而且还发展出用素绫装裱书画的用途。

▲ 明代沈周《蚕桑图》

罗是一种质地轻软的丝织品，表面具有纱孔眼。关于罗的制品比较多，如罗巾（丝制手巾）、罗帕（丝织方巾），还有古人夏天喜欢穿罗衫。罗衫质地柔软、轻爽，最适合在炎炎夏日穿了。

绸是一种质地紧密而软的丝织品，绸面平整细腻，手感滑挺，起源于西汉。最初的时候，绸指的是利用粗丝乱丝纺纱织成的平纹织品，到了晋时，绸才有了粗、细之分。与其他的丝织品相比，绸属中厚型丝织品，其中较为轻薄的可用来做衬衣和裙子，较厚的则用来做外套和裤子。

缎是一种质地厚密，正面平滑有光泽的丝织品。缎类织物品种很多，根据缎纹组织中经、纬浮长布满表面的形式的不同可分为经缎和纬缎。经浮长布满表面，并遮盖住纬浮长的缎子为经缎，纬缎反之。缎类是丝类织品中技术最为复杂的织品，其特点是缎面平滑光亮，质地柔软，外观多绚丽多彩。

中国的丝织品种类繁多，根据组织结构、织法、工艺、外观、质地的不同可以分为14大类和34小类，除了以上提到的4类之外还有纺、纱、绒、锦、绢等。中国服装原料经几千年的发展，从无到有，从原始的麻布到丝织品，它的发展无不体现了中国劳动人民，尤其是妇女的勤劳与智慧。绫罗绸缎通过丝绸之路，成了中西方文化交流的重要使者。

● *“丝绸”是中国的重要发明成果*

丝绸是非常具有中国传统特色的物品，这一发明成果具有出现得早、应用得广、传播远、技术高四大特点：丝绸出现在新石器时代，它几乎是与中华文明一起成长起来的；丝绸的出现，结束了人们只能穿麻布衣服的时代；丝绸通过丝绸之路传播到世界各地，在中西方文化交流中起到了重要的作用，最重要的是制作丝绸要求的技术极高。

丝绸的发明，带出了一整套有关丝绸的发明：首先，人们将野桑蚕驯成了家蚕；其次，人们发明了踏板织机；第三，人们发明了一整套织物结构系统，这种发明的出现使得丝织品的品目增多了许多；第四，发明了一套提花程序，对早期电报和计算机的发明均产生了影响。除此之外，还有夹缬、锁绣等也是首屈一指的技艺。另外，最早的纸也是用丝纤维制成的。

“丢盔卸甲”用来形容吃了败仗狼狈的样子，那么盔和甲是什么特别的装束？

中国古代也有类似于今日防弹衣的服装，这种衣服我们称为甲胄或者铠甲。

三国时，有一种叫做“筒袖铠”的铁甲，竟能“二十五石弩射之不能入”，据说这种筒袖铠是诸葛亮发明的；宋代的瘊子甲，50米外任何弩箭都无法射穿它，它唯一的“漏洞”就是穿带子的小孔。

甲胄出现在原始社会末期，战争日益频繁，进攻性武器日渐锐利。早期的甲胄是用藤木和皮革等材料制成的，随着青铜和铁器时代的来临，皮革等材料制成的甲胄已经不能适应要求了，青铜制、铁制的甲胄渐渐占据了主要地位。

▲ 唐贴金彩绘具装甲马俑

甲胄包括护身用的甲和护头用的胄，历史上，胄应该早于甲出现。

据说，中国历史上的第一件“甲”是夏朝的第六代国君“抒”发明的，他用一整块皮革做了一件可以披挂在身上，可以在战斗中保护自己前胸后

▼ 乾隆皇帝锦盔甲

背、腰腹等部位的“衣服”。后来，有人将其改进，将整块大皮革分割成小块，穿缀起来，制成了真正意义上的战甲。

甲，又叫介或函，古代打战时用以防护人或马的躯干，因此有人甲和马甲之分。就人甲而言，一般由身甲、甲裙、甲袖三部分组成，主要用于保护前胸、后背、肩膀、腹部、手臂、膝盖等人体重要部位。甲的基本制作方法是将皮革、铜铁等先加工成小甲片，涂上漆，然后用丝绳连缀起来制成各种形制不一的盔甲。

胄，又称兜鍪、头鍪、盔。传说，最原始的胄是蚩尤部落发明的，当时蚩尤部落的人在同其他部落打仗的时候常常会在头顶上装上兽角。据说这种兽角不仅可以保护脑袋，同时它还是一种攻击性武器——用来触敌人。但是，这种兽角的保护性能并不理想，于是后来人们便想到了用藤木之类做成能够保护到整个头部的胄。

先秦时期，人们将用皮革（一般选用犀牛皮、兕皮、水牛皮、鲨鱼皮）或是藤做的战甲为“甲”，称用铜片和铁片制的战甲称为“铠”，唐以后，人们干脆通称他们为“铠甲”，不再区分。根据材质的不同，历史上出现过的铠甲有藤木铠甲、皮革铠甲、铜制铠甲、铁制铠甲、纸制铠甲、棉质铠甲等。戚继光抗击倭寇时，就让士兵穿上一种轻便的绵纸甲，能够有效地防御鸟铳铅子。还有一种用雁翎根连缀而成的雁根甲，分量极轻，防护功能绝佳，但只有少数将领才能够用得上。

从青铜器时代开始，古人在制作甲胄时常常在胄面上铸上虎纹、牛纹等图案——或代表图腾，或用以威慑对方。据说，当初成吉思汗率兵西征时，所有的骑兵都带着一种样式奇特的铁胄——从额前垂下一个硕大的船锚形护鼻器保护鼻子，当他们戴着这样的铁胄，骑着快马，拿着快刀突然出现在欧洲人的面前时，当地人个个惊恐万状以为魔怪降世了。

铁制甲胄出现在战国晚期，秦汉时期的军队已普遍使用铁制甲胄，而且这时候的胄还留出保护脖颈的部分——顿项，甲胄的使用一直延续到清代，但随着火器时代的来临，甲胄渐趋轻体化。

在战争频繁的冷兵器时代，甲胄的出现有效地减弱了进攻性武器的杀伤程度，甲胄也因此成了军队甚至是战争的代名词，“甲士十万”说明该国兵力雄厚，“练甲三千”则代表精兵数量不少。即使现在，军队里依然少不了“铁甲之师”。可见甲胄对军事影响的深远。

为什么古代军礼中会有“介胄不拜”之说？

《礼记·曲礼》：“介胄不拜”，意思是说：穿着甲胄的将士不用行跪拜礼。古代将士因为身穿铁甲时行动十分不方便，连上下马时都要靠别人扶着，所以当他们穿着铁甲时，只需要行长揖之礼，即“肃礼”便可。这种礼仪在很早的时候就形成了，《左传》《公羊传》中都有相关记载。西汉文帝时，文帝到周亚夫驻守的细柳慰问将士，周亚夫便只对文帝作揖，并未下跪，而且他还对文帝说“介胄之士不拜，请以军礼见”，文帝不仅没有责怪他，而且还褒扬了他。

7 “丢了乌纱帽”意思是被罢了官，“乌纱帽”如何成了官位的代名词？

在古代，早期是没有帽子这个说法的，以前叫“头衣”，因为头上的装饰是包在头上的巾帻。据说，乌纱帽的最早发明者是南朝刘宋时期的王休仁。要问他为什么要做这样一种头上的装饰，就是两个字：装酷。当时，人们头上的头饰都是千篇一律的，这个王休仁喜欢动脑子，并且爱与众不同，于是他决定做一顶和别人不一样的帽子。思忖良久，他用一块黑色的纱布，把四边抽扎起来，高高地戴在头上，于是中国第一顶乌纱帽就此诞生了。

▼ 陶文官俑（隋）

非常得意的王休仁戴着这个独特的小帽来到了集市上，居然引来了众多的目光。后来，人们觉得这个帽子制作简单、省钱又大方，纷纷仿效，竟然成为流行的头饰了。当然，颜色方面不单单是黑色的，只是款式沿用王休仁的设计。当时，官员、百姓，不论贫富，都戴这种式样的帽子，只不过颜色不同而已。帽子的形状也不固定，有的卷成荷叶形，有的像高高的屋宇，有的还伸出两个黑纱“耳朵”。这个耳朵或许就是后世帽翅的雏形吧。

到了隋朝的时候，隋文帝杨坚也很喜欢乌纱帽，经常戴着接见大臣，这样一来，朝野上下居然刮起了一股“乌纱帽”风潮。之后，杨坚干脆把乌纱帽定为了官帽，并且分出来三六九等。这个级别用帽子上佩玉的多少来区分：一品有九块，二品有八块，三品有七块，四品有六块，五品有五块，六品以下不准饰玉。

到了宋朝，赵匡胤改进了官帽的样式，在官帽上加了两个帽翅，同时用帽子上的花纹区分官阶的大小，朝堂上帽翅忽忽悠悠倒是有几分动感；及至明朝，洪武三年，朱元璋颁布了更加严格的官服制度，其中规定：文武百官上朝和办公时，必须戴乌纱帽，穿圆领衫，束腰带。这样，“乌纱帽”就成了官员的一种特有标志了。明朝的乌纱帽是用藤丝或麻编成帽胎，然后涂上漆，在外面裹上黑纱。这种帽子做出来以后是前高后低的，并且保留

▲ 明代文臣图

了宋代的在两侧插帽翅的传统。清朝入关后，官员的服饰发生重大改变，由原来的乌纱帽换为顶戴花翎，乌纱帽正式退出历史舞台，但是乌纱帽的称呼被保留了下来，成为官位的代名词。难怪人们说被罢官叫做丢了乌纱帽呢。

● *诸葛亮为什么是“羽扇纶巾”的打扮？*

宋代词人苏轼在《念奴娇·赤壁怀古》中形容三国时期的诸葛亮是“羽扇纶巾，谈笑间，强虏灰飞烟灭”。那么，为什么作为文人、谋略家的诸葛孔明是这样的打扮呢？

其实，古代的服饰制度森严，普通百姓不能随便穿衣服，礼冠都是帝王权臣的专有品，老百姓只能用丝或麻织成的幅巾包头。幅巾既可束发又可擦汗，远比冠帽实用得多。后来，因汉元帝额上头发很长，不愿被人看见，便也用幅巾来束发，于是，群臣也都仿效，一时间蔚然成风！从这个时候开始，幅巾的花样不断翻新、层出不穷，一直沿用至明代。诸葛亮的“纶巾”是就是幅巾中的一种，用丝带织成，相传诸葛亮非常喜欢这种幅巾，常常是摇着羽扇，头戴纶巾，运筹帷幄，因此后人也把这种幅巾称为“诸葛巾”。幅巾是一种大众休闲装，非正装，体现的是随意自在的个性吧？

“绅士”一词是怎么来的？是外来语吗？

绅士可是我们传统文化的一部分，“绅”更是和服饰有着莫大的关系。

公元前686年，公孙无知杀害了叔伯哥哥齐襄公，登上了齐国王位。不久，无知又被大臣们杀掉。这样一来，国君的位置就空了下来。

当时齐襄公的两个弟弟，都逃亡在外。公子纠和师傅管仲，是在其舅父鲁庄公处避难；而公子小白，则随师傅鲍叔牙在莒国避难。他们都想尽快赶回齐国都城，以夺君主之位。

鲁庄公为了让公子纠夺得王位，一方面派兵护送他回齐国，另一方面派管仲带兵拦截公子小白。

管仲在莒国去齐国的途中伏击公子小白，并一箭射中他的衣服外面大带上的铜带钩。小白将计就计，咬破嘴唇，口吐鲜血，佯装死去。管仲以为得手，就直接回去向公子纠汇报了。

公子纠放下心来，不慌不忙地向齐国进发。等他到了齐国国境，才得知公子小白早就抵达齐国都城临淄，成为齐国国君了，这就是齐桓公。

公子纠和管仲见大势如此，只好仍回鲁国去了。可以说就是这条宽

▼ 包金镶玉嵌琉璃银带钩（战国）

大的腰带上的带钩救了一代霸主齐桓公。

那么这个故事和我们说的“绅士”有什么关系呢？其实，这种宽大的腰带就叫“绅”。《说文解字》中说：“绅，大带也，从丝申声。”可见绅是用丝帛织成的，因此“绅”字是带丝字旁的。

在古代，人们把衣服裹好后，就在衣服外面系一个大带，随身携带的物品，如佩玉、长穗也可以系在这根腰带上。腰带太长了，自然会垂下，带子末端的下垂部分可以作为装饰。

据先秦文献记载，当时的丝带形制比较复杂，颜色、装饰各不相同，上自天子，下至士庶，等级差别十分显著。甚至对带子系结后下垂部分的长短尺寸，都有严格的制度：“绅长制，士三尺，有司二尺有五寸。”

《论语·卫灵公》记载：“子张书诸绅。”宋邢注：“以带束腰，垂其余以为饰，谓之绅。”子张拿起下垂的绅来记事，图个方便。后来，大臣们发现了更好的办法，上朝时拿上用玉、象牙或竹片制成的手板，在上面记事就可以了。这个手板叫做笏，大臣把笏插在腰带里，《晋书·舆服志》：“所谓搢绅之士者，搢笏而垂绅带也。”搢绅，又写作“缙绅”。后来人们慢慢就称做官的人为“缙绅”了。“缙”为红色丝织物。搢，即插也。《新唐书》一二六卷《张九龄传》：“公卿皆搢笏于带，而后乘马。”

由绅的涵义引申为束绅之士，简称为“绅士”，进而特指有一定地位和身份的士大夫阶层，绅士便成了一个特定等级阶层的称谓。本来，古代士大夫仅指当官的读书人，不曾为官的科举士子统称为“士”，但随着科举制度的发展，越来越多的人取得名分后不能做官，人们也不管他们有没有做

▼ 云龙纹带饰（明）

官，就渐渐地把这些有一定学识和身份的人都称为绅士了。

人们还对一些不学无术的伪绅士进行了讽刺。明代文学家张岱在《夜航船》序中讲了这样一个故事：有一个僧人和一个绅士同搭一条船，晚上就睡在一起。绅士高谈阔论，显得学问非常高深的样子。僧人有些畏惧，就缩成一团睡觉，以免惊扰了绅士。后来，僧人听着听着觉得不对了，这绅士好像肚子里没多少东西，就问他："先生，请问澹台灭明是一个人还是两个人呐?"绅士不假思索地说："一个人。"僧人心中窃喜，又问："那尧舜是一个人还是两个人呢？"绅士说："这还用问，自然是一个人了。"僧人一笑，说："这样的话，小僧我还是伸伸腿脚吧。"

在中国近代社会中，绅士是一个特殊的阶层，非官而近官，非民而近民，依靠他们拥有的知识、个人的修养、所居的地位而获得了人们的尊重，在社会上发挥了自己的作用。

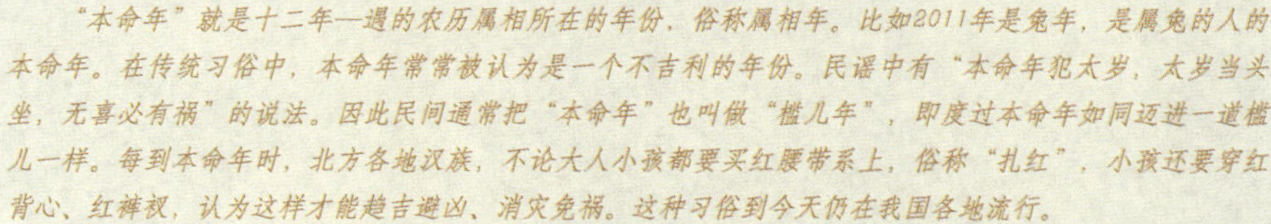

本命年为什么要系红腰带?

"本命年"就是十二年一遇的农历属相所在的年份，俗称属相年。比如2011年是兔年，是属兔的人的本命年。在传统习俗中，本命年常常被认为是一个不吉利的年份。民谣中有"本命年犯太岁，太岁当头坐，无喜必有祸"的说法。因此民间通常把"本命年"也叫做"槛儿年"，即度过本命年如同迈进一道槛儿一样。每到本命年时，北方各地汉族，不论大人小孩都要买红腰带系上，俗称"扎红"，小孩还要穿红背心、红裤衩，认为这样才能趋吉避凶、消灾免祸。这种习俗到今天仍在我国各地流行。

"本命年"源于中国人的十二生肖和对红色的崇拜。在中国古代，人们是用甲乙丙丁、子丑寅卯等天干地支的组合来记住所生的年份，为了便于记忆和推算，人们就采用鼠、牛等十二种动物与十二地支相对应的方法，每年用其中的一种动物来作为这一年的属相。汉民族的本命年就是按照十二生肖属相循环往复推出来的。

古人认为本命年有可能会有灾祸出现，必须趋避，那么红色就成了首选。在中国人的习俗里，红色可驱邪避害，是吉祥色。中国人崇尚红色的观念早在原始社会就已经存在，因为红色是太阳的颜色，是血的颜色，是火的颜色。随着时代的变迁，这种尚红思想却没有变，新年贴红对联，汉族的旧式婚礼中新婚的红嫁衣、红盖头、红蜡烛、新科的红榜等等，不论何时何地，人们都要用红色来增添喜庆。汉民族把红色视为喜庆、成功、忠勇和正义的象征，尤其认为红色有驱邪护身的作用。因此，本命年系红腰带、穿红袜子的习俗便产生了。过"本命年"的人在农历腊月三十那天，从日落到第二天日出，都要系红腰带，穿红衣服，以此来避邪驱恶，祈求吉利。这些本命年的红色衣着饰物就被称为"本命红"了。

"衣裳"为何在古代被分为"衣"和"裳"？

让我们先从"裳"的故事讲起吧。

在西汉末年，当时的王莽，已经是权倾朝野的重臣了，很多人都想巴结讨好他，只是找不到机会。有一天，王莽的母亲病了，这个消息不胫而走，很多高官一听乐坏了。当然他们不是幸灾乐祸，而是他们可以趁此良机巴结到王莽了。

但是王母是女眷，官员们是不能随便拜会的。于是，这些朝中的大官们，纷纷派自己的家属出马，前来看望王母。

当这些官亲们来到王莽府邸后，王莽是不能随便出来的，于是就把夫人派了出来，迎接这些妇女。可是当时王氏由于太着急了，下身只穿

▼ 彩绘跪坐女俑（西汉）

了遮膝盖的裙子——韨，类似于今天的围裙。很多人一看，这不是王府的婢女吗？！于是就问她，王夫人怎么不出来呢。

王氏当时就愣住了。再看看自己的装扮，才明白这都怪自己，自己穿了“韨”，不是那种垂到地上的长裙，才使得来访的女宾，把自己当成了女婢。

在这个故事中，我们看到的“韨”，其实就是一种下裳。“韨”在古代，是遮盖大腿至膝部的服装。古代的“衣裳”，实则有分工，像“衣”是指上衣，而“裳”是指下裙。

▲ 春秋战国时期贵族妇女服饰图像——龙凤仕女图

但是，可不要以为穿裙子是女子的专利。据记载，春秋战国之时，当时的上衣下裳有了一些变化，女子比男子的“裳”，稍微长了一些。这也说明了在当时，男子也同女子一样，是穿裙子的。这就有些像苏格兰男人穿的裙子，但中国古代男人穿的裙子，却要比苏格兰男裙更长一些，大概是到脚背的位置。

那“衣裳”又有哪些具体的分类呢？古人的“衣裳”样式又是怎样的呢？

根据《五经要义》所讲，最初的衣服，应该是把树皮和兽皮绑在了一起。这样上身的便成为“衣”，下身遮羞用的则称为“裳”。《说文解字》认为，裳是“常”的异体字，而“常”的解释就是“下裙也”。

殷商时上衣下裳是连在一起的，并被称为“深衣”。这“深衣”可是有着很深的内涵，《礼记·深衣》就有很详细的描述，说这种深衣再短也不可以露脚背，再长也不能拖到地上，而且下裳部分竖直垂下，则象征着公平正义。而上衣和下裳的结合，更代表着一种专一的感情。

到了春秋战国时期，“衣裳”就已经不缝在一起了。“衣”渐渐分成了短衣、长衣、单衣、夹衣、外衣、内衣。像上面讲的“深衣”就是一种长衣。而与长衣对应的则是“襦”，就是一种短衣，庶人平民、奴仆才能穿襦，“深衣”只有在贵族朝会和祭祀时才穿，而且也只有上层人士才有权穿。像外衣，古人叫做“裼”，就是相当于裘皮大衣一类的衣服，更类似于披风；而内衣，则是汗衫、亵衣之类的，不为人所看见的衣物。

大约战国秦汉之际，“裤子”产生了。这样穿“裳”慢慢地便成了女子的专属。一直到清代，女子穿“裳”，男子穿“裤”，这样的习惯一直延续下来。

● *古人本是穿裙子的，后来怎么改穿裤子呢？*

最初的古人，他们的穿着都是“上衣、下裳”的。起初并没有裤子，到了殷商的时候，骑马的风尚渐渐盛行，但你要是穿着裙子骑马，上马的时候，就很不方便。于是，只好在裙子的前后开个衩，但又不想让大腿裸露，就只好在腿上再套上“绔”，这就是套裤了。裤子便在这种情况下，慢慢形成了。

10 “集腋成裘”用来形容积少成多，“裘”一定是“集”出来的吗？

“集腋成裘”的本意是把狐狸腋下的毛皮集中起来做成裘皮衣服。李白著名的诗句“五花马，千金裘”中也有“裘”这个字，我们从意思不难看出裘皮是很贵重的。说到“裘”，《吕氏春秋》有这样一个故事：

卫灵公，是春秋时期卫国的国君。他在治国上没有什么建树，就是耳根子很软，忠言也能听进，谗言也会相信。

有一年冬天，卫灵公突然来了兴致，他召集了许多百姓，让他们在天寒地冻的湖面上凿一个池子。他的手下宛春听说后，马上就上前阻止。

宛春对灵公讲：这个天气异常的冷，您却要您的子民来凿池子，这样对百姓是多大的伤害啊。卫灵公却疑惑地看着宛春，并问他：这样的天气就叫冷吗？

宛春立刻应对：您穿着狐皮大衣，屁股底下坐着熊皮暖席，屋里烧着火炭取暖。当然这样是不冷了，可是外面的百姓就不一样了。百姓穿的破衣补了又补，鞋

▲ 春秋战国时期贵族服饰图像——驭龙图

子坏了也编织不了，这种的天气里穿成这样，百姓不冻坏才怪呢。

卫灵公本来就耳根子软，一听也是这个道理，于是就下令停止凿池。

这个故事中出现的“狐裘”，在古代是很珍贵的，一般都只有达官显贵才能常穿。李白所说的“五花马，千金裘”，其实这个“裘”，在古代就是冬季御寒的衣服。

“裘”，跟现在的皮毛大衣很像，都是毛向外翻的。就连《说文解字》上都说“古者衣裘以毛为表”，这意思就是古代的裘衣毛是在外面的。那么到底什么时候出现的“裘衣”呢？“裘衣”又由什么做成的呢？古人穿裘衣又有什么讲究呢？

▼ 伏羲像

那还是上古的时候，人们捕猎后获得了兽皮，用骨针将兽皮进行深加工，这样变制成了合身的冬装。而这就是最早的“裘衣”。到了周代，随着礼仪典章的成型，“裘衣”，也渐渐成了只有贵族才能享有的东西。像周天子每一次的冬日祭奠中，穿的衣服就是“大裘”，而这种“大裘”，实际上就是黑羊羔皮。可别小瞧这黑羊羔皮，它在古代可表示着质朴，一朝天子穿着这样质朴的冬装，就说明他是受命于天的有道明君。

但在周代，高贵和富有的代表则是“狐裘”，就是前面讲的卫灵公穿的衣服。我们听过“鸡鸣狗盗”的故事，说的也是狐裘，当时孟尝君想返回齐国，但秦王不许，幸亏他门下的食客中，有一个盗窃高手夜入秦王宫，顺利盗出了白狐皮衣。然后，孟尝君便把它献给秦王的宠妃，因此他得以脱困秦国。这就说明先秦时期，狐皮已经很珍贵了。甚至到了清代，狐皮大衣也一直是服装市场的抢手货。

而用以做裘衣的毛，可以有很多种选择。像在古代就出现过狐狸皮、羊皮、虎皮、熊皮、鹿皮、貂皮、犬皮、兔皮、豹子皮和狼皮等十种裘衣。当然最珍贵的还要数狐裘和豹裘。周代以后，羊皮大衣、鹿皮大衣则显得很一般了。唐朝之后，边疆的貂皮大衣，也成了中原的流行装。但到了清朝，貂皮一跃成为冬装中的霸主，而且只有有一定地位的人，才被允许穿貂皮大衣。难怪至今，貂皮大衣还那么抢手，想必就是从清代延续下来的。

兽皮制成的大衣，尽管它有着极佳的御寒效果，但却不是所有人都穿得起，因此“裘衣”成了身份和地位的象征了。

古代用来御寒的服装

其实早在中国古代，人们就已经利用上了羽毛，但那时只是用在箭矢上，起到稳定方向的作用。直到明清时期，大概是在山东的微山湖、江苏的洪泽湖一带，人们开始利用野鸭毛，把它们塞进袜子、鞋帮里，这样可以起到御寒保暖的作用。所以，之后人们便想到，也可以把这些鸭毛塞进衣服里，这便制成了羽绒服。

同时，古代已经有手套了，但那时的手套叫做“尉”。从长沙马王堆就曾出土过三副“尉”，它们都是由绢缝制而成的，并且做工精良。每个手套，大约长有25厘米，宽10厘米。是直筒式的，大拇指的指套又有单缝。在死者随葬品的清单中，清楚地看到“尉”这个名称。

“衣锦还乡”指一个人很风光地回到家乡，但为什么一定要穿“锦”呢？

宋代之前，一般百姓只能穿麻衣。《史记·范雎蔡泽列传》中所记载的“绨袍”，就是质地较为粗糙的、厚的帛衣。战国时，一般人是穿“绨袍”的。宋代之前，棉花并没有在全国普及，很长时间里，我们的祖先都是用葛、丝、麻来作为衣服主料的。

那还是在5000多年前，在母系氏族公社里，皮革制衣的方法就已经产生。所以当时人们普遍穿着的是“皮衣”。而同时出现的，还有麻、葛织物。

在江苏马家浜文化遗址，就出土过一些葛布，它们距今已经有六千年的历史了。而这也是最早出现的纺织品。在古代，衣服的选料同样体现出了一种文化内涵，存在着森严的等级观念、儒家的礼仪原则、统治者与下属的身份之别。所以，这衣服的用料，可不是你想怎样选都行的。如果穿错不同质地的衣服，掉脑袋也是可能的。

▼ 素纱蝉衣（西汉）

《礼记》中有这样的记载，大夫和士获罪而被迫离境的，出国之后，就要以地为坛，向着本国的方向哭泣，并且上身穿素衣，下身穿素裳，头上戴素冠，三个月后，才能恢复常态，穿回以前的衣服。这里的“素服”，实际上就是孝服，是用白而细致的缯帛制成的。所以春秋战国时期，上层士大夫就以穿绢帛这类衣物，来彰显自己的身份了。

锦原为仿刺绣类丝织物的大类名。一般指用精练、染色的桑蚕丝为主要原料，采用斜纹、缎纹组织绸面精致绚丽的多色的提花熟织物（色织绸）。“锦”字的含意是“金帛”，意为“像金银一样华丽高贵的织物”，事实上古代和现代确有用金银箔丝装饰织造的锦缎，只是现代的金银丝并非真正的黄金和白银制成，而分别是铜粉和铝粉制作的闪光丝

▲ 锦缎衣料（清）

而已，因此锦的外观瑰丽多彩，花纹精致高雅，花型立体生动。我国早在春秋以前就已经生产锦类织物。达官贵族的服饰，不仅要质地精良，更要加上纹饰、刺绣之类的东西，这样才能显示出他们是多么高贵和富有，是名副其实的“锦衣”。而下层的百姓只能选择麻质、毛质的粗衣。而麻毛的衣服，大多不光滑而且不保暖。这也是等级差别的体现。

宋代的织锦工业达到了全盛时期，而刺绣花边的制作也极有特色。宋代的纺织则呈现出织品名目繁多、色彩艳丽的特点，其中最为出名的是锦、罗、缂丝以及棉毯等。宋代最有名的锦有两种，一种是四川生产的蜀锦，一种是苏州、湖州、杭州等江浙一带生产的所谓“宋锦”。汉代蜀锦原是经显花的，唐以后，因长时期互相交融，其固有特色已经很少。宋代蜀锦也曾仿造过湖州的染织法，进而织造“真红湖州大百花孔雀锦”“四色湖州大百花孔雀锦”“二色湖州大百花孔雀锦”。到了

南宋，蜀锦发展到四十多种，其图案有写实的山水、花鸟、人物、禽兽，有写意的瑞草云鹤，还有传统的狮子戏球、天马行空、百花孔雀等图案。“宋锦”是宋代始才盛行的，它采用了一种精密细致的“三枚斜纹地”，经线分面经和底经两重，面经用本色生丝，底经用有色熟丝，纬线用多种色彩的练丝。以底经作地纹组织，面经作纬线浮长的“结接经”。这种结构继承了唐以来的纬锦织造技术，用彩纬加固结经，形成纬三重起花。此外还有一种织金锦，即把金丝织入锦中的锦缎类织物，在宋代也有较大发展。

正因为“锦衣”的稀缺和工艺的复杂，所以成为身份、权贵的象征，“衣锦还乡”也就不难理解了。

中国的“四大名锦”

经过历代发展，历史上形成了技冠中华、享誉中外的蜀、宋、云、都“四大名锦”。

蜀锦因产于四川成都而得名。蜀锦在四大名锦中历史最为悠久。早在西汉时期，蜀锦品种花色就很丰富，产量很大，行销全国。唐代蜀锦业更加兴旺，通过丝绸之路远销东西方各国，并流传到日本，被日本称为“蜀江锦”。蜀锦传统图案的构图大体可分8类：流霞锦（月华三门锦）、雨丝锦、方方锦、条花锦、铺地锦、散花锦、浣花锦、民族锦等，其质地坚韧，色泽鲜艳。

宋锦产于苏州，因宋代最为繁盛而得名。至今已有近千年的历史。主要品种有大锦（又称仿古旧锦，主要用于装裱字画）、小锦、彩带等。具体有龟背纹、绣球纹、剑环纹、古钱纹、席地纹等，多以四方、朱雀、百吉等图案见长，纹样繁杂，配色淳朴。

云锦始于南北朝，盛于明清，是南京地区的著名织物。因锦纹瑰丽如彩云，故而得名。云锦的传统品种有库缎、库锦和妆花三大类。库缎是缎地上起本色花的（单色）丝织物。库锦则是一种在缎地上以金线或银线织出各式花纹的丝织品，又称“织金”。妆花，又叫妆花缎，即在缎地（或罗地）上以各色彩绒织出花纹，并用片金绞织于花纹边缘，是云锦中最华丽的织品。云锦所用图案多为花草、鸟兽、虫鱼、瓜果、云彩等，适于做服装、装饰等用。

都锦产于浙江杭州，它继承了中国织锦的传统，把西湖风景和各地风光织造在丝织品上，形成自己的特色。都锦产品有丝织工艺品和绸缎两大类，花色品种达1000种。彩色锦绣“大富贵”等，以花卉、珍禽、异兽为题材，借重传统工笔重彩的手法，深受人们欢迎。

除此而外，中国少数民族的织锦也很富有民族特色。其中，广西壮族民间手工织品——壮锦早已闻名于世。

为什么要用"纨绔子弟"称呼不求上进的富家子弟？

"自古英雄多磨难，从来纨绔少伟男"，这句传诵了数百年的诗句，至今仍然常被人们提及。"纨绔子弟"一向是吃喝玩乐、不务正业的代名词。但是你知道"纨绔"究竟是什么意思吗？

这还要从西汉的班伯说起。

班伯是《汉书》作者班固的先人。他很小的时候，就跟着师丹学习诗词歌赋。那时候，在朝中掌权的是大将军王凤，王凤看到年轻的班伯很有才干，于是勉励他上进求学。王凤亲自召见了他，班伯长得非常帅气，在大殿之上更是言谈得体，说理头头是道。班伯的才干博得了汉成帝的喜爱，于是成帝封他为中常侍。

当时，经常在金华殿讲学的，有两个名士，分别是郑宽中、张禹朝。就是皇帝，也愿意听他们讲的《尚书》和《论语》。后来班伯也奉召开始讲座，结果备受好评。他所立的学说，同当时名士许商是完全不一样的。就这样，班伯又迁升至车都尉。

几年之后，在金华殿的功课讲完了，他便同王凤、许商的晚辈混在了一起。而这些人，本就是穿着华服、吃着美食的富家子弟。此时的班伯，其实很不愿与这群人为伍，不过没有办法。《汉书·叙传上》："出与王、许子弟为群，在于绮襦纨裤之间，非其好也。"这里的"绮襦纨裤"一词，就是"纨绔"

▲ 西周浅黄色褐长衣

最初的由来。此后，便有了“纨绔子弟”的说法。

那么这个“纨绔”到底是什么呢?

“纨”是织造很细的生丝绢。而“绔”，也写作“裤”，根据段玉裁的解释，则是古代的一种套裤。因为古代的裤子是没有裆的，所以叫套裤。“绔”其实也就是现在裤子的雏形。那么“裤子”到底是产生于何时呢?

远古社会，人们最初是赤身裸体的。但后来为了御寒和遮羞，人们开始用兽皮遮住下体。然而比较成形的技术，还是出现在5000多年前，住在北京的山顶洞人，他们开始学会用骨针缝制。小块的兽皮慢慢地，就被拼成了大块的围裙。到了原始社会末期，随着麻和织布的出现，人们开始按季节来做服装。

▼ 宴乐画像砖(东汉)

而后渐渐分出了上“衣”下“裳”，“裳”就是裙子。在上古时代是没有裤子的。在殷商之前，人们都是穿裙子的。商代至战国之后，骑马之风日益兴盛。但是穿裙子骑马，就显得颇为不便。于是，人们便在裙子的两边，各开了一个口子。但那时候的人很保守，怎能随便让你看到大腿呢，因此在两条腿上便套上了“绔”。所以，上古的“绔”与今人的“裤”是不同的。

古代的“绔”，实际上就是一种套裤，《释名》里也有写“袴，跨也。两股各跨别也。”也就是讲，上古的裤子有两个裤筒，并且套绑在大腿上，上部是由绳子固定绑在腰间。可见那个时候，不只是套裤，就是连裤腰带也出现了。“纨绔”泛指丝绢制成的裤子，为贵族子弟的代表服饰，逐渐成为一种贵族子弟的代名词，并含有贬损之意。

值得指出的是，中国古代一般人也是穿“绔”的。古书上曾提到过“穷绔”，但并不是说“穷绔”就是穷人穿的，它是所有人都可以穿的。很早的“绔”是无裆的，而后产生的“穷绔”则是有裆的。它又叫做“裈”，还被形象地称为“绲裆裤”。当然，同上衣的作用一样，“裈”也是为了御寒，所以有人经过尝试，也在它的里面加进了棉絮和麻，基本像现在北方棉裤了。

● 古代的熨斗

早在中国的汉代，熨斗就已经是“家用器具”了。不过在那个时候，它被叫做“钴”，是铜制的。古代的典籍中，便有“熨斗直衣”的铭文，这就说明当时，它就是烫衣服的工具。汉魏时期的熨斗，基本上外形呈环状，有宽口的边缘和长柄的把手。相传，“熨斗”这个名称，是源自古代的一种烹调工具。它就像平底锅。古人在熨烫衣服前，首先把红红的木炭放进“熨斗”里，等底部很烫的时候，再来烫衣服，所以它又有“火斗”之称。

● 中国古代的女子为什么不穿裤子?

中国古代的男子，一般都是上衣下裳，而女子则是一身长袍，下身并没有所谓的“裈”。为什么会这样呢？封建时代，男人是统治者，是所谓的“天”，儒家思想更是把“三纲五常”推崇到极致。因此，很多所谓的“道德人士”，便把女子束缚在了宽大的袍子里，女子的两腿是不可以分立的，只有男子才可以“垂衣裳而治天下”。另外，女子不出外骑马，而男子则要骑马，或游历，或征战。

“黄袍加身”是当皇帝的代名词，那么皇帝的服饰颜色有什么讲究呢？

在中国古代，衣服大概分五种颜色，也被称为“五色”。它们是哪五色呢？它们的寓意又是什么呢？我们先来说说“齐桓公好紫服”的故事。

春秋时期的齐桓公，是春秋五霸之一。当时，周朝正统的颜色是朱砂红。而齐桓公偏偏不管朱红是不是国色，只穿自己喜欢颜色的衣服。而周王室也不能奈何齐桓公，他的“尊王攘夷”的口号提出后，齐国更是得到了天下诸侯国的依附。

▼ 明代孔子像

齐桓公喜欢紫颜色，于是举国的百姓都学着桓公穿紫。当时的齐国都城临淄，你拿五匹生绢都换不到一匹紫布，紫布的行情之好可见一斑。

齐桓公也知道了这件事，他开始有些担忧了。他喜欢穿紫色，所有的百姓也都穿紫色，这就使得紫衣料价钱飞涨，很多奸商借此哄抬物价。齐国的经济也发生了小小的波动，这是齐桓公不愿看到的。

于是他听从了管仲的建议，对前来觐见的紫衣侍从讲，自己现在讨厌紫色，让他不要靠前。此后，近臣侍卫就再也没有穿紫色的了，数日过后，全齐国也没有几个穿紫服的了，这就是名人效应。齐国的经济小波动也宣告结束。

孔子听说齐桓公喜欢紫色，就公开表示讨厌紫色。在孔夫子眼中，只有朱红色才是正统，其他的颜色都是陪衬。

在中国古代只有青、赤、白、黑、黄五种颜色是被官方认可的，称为“五色”。

▲ 宋太祖像

我国古人是很讲究阴阳五行的，“五色”是与“五方”和“五行”对应的，它们分别代表着东、西、南、北、中和金、木、水、火、土。

结合古人的天人观念，“五色”隐藏着深意。“青”，颜色温和，有些像春天，有着草木的颜色，更显出日出的温和。因此“青”代表着东方，五行属木。“赤”，有着夏日火烧一样的颜色，尤其像处在南方的烈日，当空普照，酷热难当。所以“赤”代表南方，五行属火。“黄”，则是平淡的土色，代表中央，五行属土。“白”，依古人理解，它有着金属一样的光泽，给人以秋天的清凉之感，很有日落时的味道。因此“白”代表着西方，五行属金。“黑”，有着无底深渊一样的颜色，给人以寒冷之感，尤似北方的深夜。故“黑”代表着北方，五行属水。

在古代，“五色”甚至成了权威、庄严的象征。像古代的帝王都自称是“天子”，都会选择属于自己的“幸运色”，作为“国色”。相传，秦始皇一统天下后，他认为，自己的秦国是发迹于渭水流域，一定是因为水德才得到天下。而水正是由“黑”表示，于是秦始皇即位时穿的龙袍，就是黑色的，这与后世皇帝的黄袍截然不同。

而汉高祖灭秦后，又觉得自己是从南方沛县起兵的，一定是南方的火德庇佑。而火是由“赤”来表示的，所以刘邦提倡穿红，就连他的龙袍，也在黑的基础上加上了赤红。

到了隋代，皇帝常穿黄袍。唐沿隋制，但唐高祖下令黄色为皇家专用颜色，庶人是没有资格穿黄色服装的。从此黄袍成了王室专用。后来宋太祖赵匡胤“黄袍加身”，因而黄袍正式成了当皇帝的代名词。值得指出的是唐宋之后，“五色”正统地位没有改变，但其他颜色却随着上层人士的喜爱也慢慢地普及开来。

延伸阅读

为什么用“紫袍金带”代指高官？

在古代，“朱”和“紫”长期被看作是显贵的颜色，中国的品官服色制度始于北周，直到隋代形成了完备的制度，唐、宋、元、明各代虽然都有所改变，但是大体与隋制“紫袍金带”相同，因此这个词常被用来形容一个人显赫的官阶身份。

例如，唐朝的官服制度中基本上是三品以上穿紫袍佩带金鱼袋；四、五品为绯红袍，佩带银鱼袋；六品以下为绿袍，无佩带鱼袋。官职中有职务高而品级低的，仍按照原来的品服色穿戴。例如任职宰相而不到三品的，按原服色着装，但加佩紫金鱼袋。州刺史则无论品阶一律着绯红官袍。唐朝和宋朝的品位和服色不大一样。唐朝的一、二、三品都是紫色的，四品深绯，五品浅绯，六品深绿，七品浅绿，八品深青，九品浅青，而庶人则穿白。而宋代则是一至四品都是紫色，五、六品是绯色，七至九品是绿色，而庶人则穿皂白色。从明朝起，官员的胸前就是用动物来区分品阶了。到清朝时，官阶大小就改由顶戴和补服来区分了。

“唐装”是唐朝人发明的服装吗？

唐朝国力强盛。贞观年间，更是唐朝拓边最为强烈的时期。不断的对外用兵，不断取得重大的胜利。先后被唐太宗臣服的，往北说有东突厥、西突厥和吐谷浑，往西讲就有高昌、龟兹和焉耆，往南走就有吐蕃和印度，往东征服了高句丽。因此，太宗更是被周围的少数民族尊为“天可汗”。

太宗征战是否劳民伤财，我们姑且不论。但四处的拓边，却使得内涵丰厚的唐文化不断向四周扩展，尤其是服饰文化。在与唐朝使节交往之时，边疆的这些民族，常被唐朝使节的服饰所吸引。唐朝人上衣下裳，头上戴着黑色头巾，身穿圆领长袍，显得风度翩翩。反观自己的胡服，则是窄袖短衣、合裆长裤，完全不能跟唐朝的衣裳相提并论。

▼礼宾图（唐）

渐渐地，在胡地，大家也开始穿起了中原的装束，穿这种衣服成了人们的时尚。那这到底该怎样称呼这些衣服呢？胡人取名“唐服”。后来，四方的少数民族，纷纷向外流亡，这样“唐服”便流传到了海外。后来，人们索性就叫中国人的衣服为“唐装”。

但是，“唐装”并非就是唐朝人穿的衣服。其实现在的“唐装”，

▼ 内侍图（唐）

是由清代的马褂演变而来的。所以它也曾受到争议，就是为什么它不叫做“满装”或者“清装”呢？

这还多亏了外国人。在《明史》中就有记载，当时的外国人，都把华人称为唐人，海外所有的国家都是这样，因为唐朝在海外享有盛誉，很多外国人也只听过唐朝。因此，“唐装”便作为“唐人”的传统服饰的惯称流传了下来。而千百年过去了，尽管内涵改变了许多，“唐装”的名称始终未变。

为什么领导人被称为“领袖”？

“领袖”，是上衣领口与袖口合成。古代人在做衣服时，领子和袖口要单独选料，因为我们经常捋袖子、从领口处脱衣服，使得这两部分与皮肤经常摩擦，这很容易引起衣服起毛，产生破损。所以，古人的领子和袖口，经常都镶着金边。而在别人的眼中，这两处也成了醒目的标志，更成了高贵的象征。所以古人设计领与袖，是很讲究的，这样穿戴后，便能给人一种端庄严谨的感觉。因此，之后的“领袖”，便成了有表率性的领导人的代称。

姊妹的丈夫之间为何称为“连襟”？

“连襟”据说最早是出现在杜甫笔下。在《送李十五丈别》的诗中有诗句：“孤陋忝末亲，等级敢比肩？人生意气合，相与襟袂连。”当然这里的“襟袂连”说的是友情，但这里说出了襟袂之间的紧密关系。把“连襟”一词移用姐妹丈夫间的称谓的人，是北宋末年的洪迈。当时洪迈的一个堂兄被妻子的姐夫推荐到了京城供职，感谢信中也提到“襟袂相连”。于是就有了连襟指代姊妹丈夫之间关系的这个称呼了，说的就是这种姊妹关系就像衣襟衣袖一样不可分。

中国人代表性的服装“旗袍”是满族人发明的吗？

清军刚刚入关，为了加强统治，逼迫中原的汉人留辫子，不从就杀。这便出现了“扬州十日”和“嘉定三屠”的惨剧。既然留了辫子，那么搭配的服饰，自然也要有所变化。于是顺治强令天下的汉族男子，都穿上满族的长袍。这样数千年汉族传统的上衣下裳模式，便就此被禁止了。

但同时统治者宣布一条命令，那就是“男从女不从”。这样，女子上衣下裳的服饰可以依旧承袭。清代早期，满族和汉族是不能通婚的。顺治时期虽提出过“满汉通婚”的提议，但未能真正实现。直到光绪年间，满汉长期杂居，慈禧太后为笼络民心，宣布满汉可以通婚。与此同时，民间服饰也得到交融。

▼ 清代旗袍

▲ 清代宫廷妇女服饰

满族人在关外的时候，妇女就喜欢穿“袍”。她们的袍衫，与之后的“旗袍”不大一样，但有几分相似了。旗人的袍衫最初是宽大的，后边窄的如同直筒一样，领子不用的时候，便加上一条围巾。随着满族人入关，满汉女子相互模仿，旗袍便是在这种不断融合中出现的。

旗袍带有满汉民族服饰的烙印。满族人把自己的长袍衫，融进了汉族服饰的元素，产生了旗袍，所以，可以认为是满族人发明了旗袍，但加入很多汉族的元素。因为满人自称“旗人”，所以满族妇女所穿的袍子，便被称为“旗袍”。

20世纪20年代，旗袍便已经普及，不过与清代的相似，色彩比较鲜艳，在领子和袖口上，都镶上了彩色牙子，据说当时很流行一种旗袍，便是镶着18道花边的。到了30年代，旗袍的样式在长短间发生了改变。有时流行领子高、袖子长可过腕、衣长到脚的旗袍；有时就流行领子低、袖子短到露肘、衣长到大腿的袍子。

20世纪40年代，旗袍的款式才开始趋同。袖子裁掉了，衣长缩短了，领子也降低了，尤其是很多的花边镶饰也省了。这便是现在的旗袍雏形。

● 为什么旗袍要开衩？

现今见到女性穿的旗袍，多是有开衩的，为什么旗袍要开衩呢？其实清朝时候，旗袍是满族妇女常穿的服饰。满族无论男女老少，都有着骑马狩猎的习惯。就连满人打下中原江山后，狩猎习惯仍未改变。皇帝会经常带着妃嫔大臣，到木兰围场狩猎。为了方便骑马，所以就在女子的旗袍下，开了个衩。到了民国时期，旗袍开衩的风气，又流行起来，但这一次，主要是为了突出女性婀娜的线条，作为一种审美需要，才开衩的。

● 清朝什么样的人才有资格穿黄马褂？

马褂是清代所特有的男子装，而黄色是皇家威严的象征。黄马褂代表着天子的恩泽。能够得到黄马褂的人，那就代表着得到了皇帝的信任和宠爱。大体上有三类人是可以得到黄马褂的。第一类，就是御前大臣和御前侍卫，随天子出行必须穿黄马褂。第二类，是皇帝狩猎时，表现出众者，可得到黄马褂。第三类，功勋卓著的大臣可能被御赐穿黄马褂。

“胡服骑射”是说哪个民族的服装？有什么突出的优点而被汉人仿效？

首先要从战国时赵武灵王“胡服骑射”的故事说起。

赵武灵王即位时，赵国国力衰微，面对来自北方少数民族的不断侵扰，总是无可奈何。就连中山国这样的小国家都敢侵扰赵国边境。在赵国同外敌的作战中，经常失利，胜少败多。

刚刚即位的武灵王，是一位很有头脑的君主。他很快就发现了问题的症结。原来在战场上，胡人穿着窄袖短袄，拿着胡人弯刀，无论是上马射箭，还是下马厮杀，都非常方便。反观自己的赵兵，个个穿着宽大的袍子，手中拿着长矛，有时挥矛的时候，袍子竟能把矛给遮住。所以，就更不用说战胜了。

在经过几次亲身作战之后，赵武灵王决心改革服饰。他提出了“穿胡服”和“习骑射”的主张。但是，这个主张受到了皇亲国戚的坚决反对。他们认为服饰是祖宗留下的东西，赵王这么做，完全是不把祖先放在眼里。面对重重阻挠，武灵王也很为难。

赵王最终下定了决心，他警示众人，如有不穿胡服者，一定格杀勿论。赵国上至百官，下到百姓，全部改穿胡服。平原上的兵车，变成了强大的铁骑兵。武灵王经过“胡服骑射”等一系列改革，终于

▲ 胡服骑射图

使得赵国军威大震，走上了复兴之路。

向少数民族学习，表现出了赵武灵王作为政治改革家的魄力和觉悟。与此同时，胡服传进了中原，并起到了促进民族融合的作用。

那么到底这个“胡”指的是哪个民族，胡服又有什么特点呢？

其实，“胡人”的称法，早在先秦就已存在。那个时候，北方的很多少数民族，都被汉人称为“胡人”，这其中就包括匈奴、戎、狄，还有以后的鲜卑、羯、氐、羌。后世著名的“五胡乱华”的说法中，“五胡”便是指匈奴、鲜卑、羯、氐、羌。所以“胡服”，就是指西方和北方各个民族的服装。

胡服和中原的服饰大相径庭，就连每个朝代的胡服，也都是不一样

▼ 元代男子胡服图像

的。先秦时的胡服，有些像现在的马褂，古称“半臂”。所以，无袖或者是半臂的衣服，在古代都可以被视为胡服。战国时代的赵国，改革所穿的胡服，却是一种窄袖短衣和有裆长筒裤，这样使射箭和骑马更方便了。短衣长裤，便是战国胡服的重要特征。

魏晋时期，发生了五胡乱华。一些少数民族，甚至在北方中原建立了政权，确立了统治。服饰，也在这一时期得以融合。此时的胡服，一般是不过膝的窄袖短衣，和更为宽松的合裆长裤，当时这种装扮被称为“裤褶”。后来在大唐贞观年间，这种“裤褶”一度作为朝服，出现在金銮大殿上。

元朝蒙古人和清朝满族人，都曾统治过中原。只是元明清的胡服，在腰间的装饰上，更加明显，“一撒青金腰线绿”便是对元朝胡服的真切写照。其实，我们现在所看到的旗袍，就是满人流传下来的，袍长略短，袍袖缩小，衣边变窄，腰身变紧，这就是现在的旗袍。穿上旗袍的中国女性，更能显现出典型的东方古典美。

延伸阅读

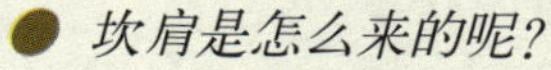

坎肩是怎么来的呢？

现在的老北京，很多都把马褂叫做坎肩。其实，早在清朝初年，坎肩就已经存在了。不过，坎肩并不是满族人的传统服饰。它其实是满汉交融的产物。当时的汉族坎肩，是没领没袖的。满族人对它进行了改造，他们把绣花与滚边绣在了坎肩上。这种服饰很快便得到了人们的喜爱。现在常见的样式，有琵琶肩襟、一字襟、对襟和人字襟。

靴子是怎么来的呢？

靴子，是古代少数民族常穿的一种鞋。相传，战国的军事家孙膑是靴子的真正发明者。为了纪念孙膑，制鞋界便奉他为自己的祖师爷。其实早在3800多年前，新疆就已经出现靴子了。靴子的出现，是很符合游牧民族的特征的。长时间在草原行走，首先要保暖，而靴子内的皮毛恰好起到作用，其次要安全防护，草原上草长刺多，靴筒起到了保护脚胫作用。当然，穿靴还要舒适，靴子的头顶是圆形的，很适合远行。一般北方民族穿的，就是马靴和高筒靴。

“猥亵”“亵渎”的“亵”有一种解释是古代的内衣，它有什么说道？

相传，女娲抟土造人。但是，造出来的人全部都是赤身裸体的。为了给人遮羞和避寒，女娲娘娘便制作了一件衣服，这件衣服的形状，很像青蛙张开四肢。这件衣物便是肚兜的最早样式。当然，这仅仅是个传说，真正的肚兜是清朝时才出现的。

在传统典籍《礼记》里有一篇叫《檀弓》，记载着这样一件事：

春秋末期战国初期，有个叫季康子的人。他的母亲过世了。按照当时的礼俗，要进行小殓的准备工作，找出逝者的衣物摆在房子里，以备

▼ 女侍立俑（西汉）

为逝者擦拭身体后穿用。那时候“亵衣”也是要找出来的，但是不能摆在外面。季康子不知道这个规矩，一股脑把母亲的衣物都拿了出来，摆在了房子里面。

季康子的姑奶奶敬姜看到了这个情景，就对他说，女人不打扮的话都不敢出来见自己的公婆，现在是外面的亲戚要来吊唁你的母亲，你怎么可以把“亵衣”也摆在外面啊。季康子听了敬姜的话，便把“亵衣”放在了隐蔽的地方。

这个故事中的“亵衣”，就是内衣。其实，早在西周时期就已经出现了中国最早的内衣。在《诗经 · 秦风 · 无衣》中有这样一句：“岂曰无衣，与子同泽。”汉代有个大学者叫郑玄，他考证说这个“泽”就是

▲ 南宋紫灰绉纱滚边窄袖女夹衫

"亵衣"，那么为什么叫"泽"呢？因为穿在最里面的衣服可以吸收身上的"汗泽"，所以用"泽"字命名。汉代则干脆将它称之为"汗衣"，也有称"汗衫"的。据说汉高祖刘邦是"汗衫"一名词的发明者。直到今天，汗衫这个词仍在使用。

汉代开始为女性内衣专门命名了。汉代时女性内衣称为抱腹和心衣；到两晋南北朝时称为裲裆；唐朝称为内中或诃子；宋朝称为抹胸、抹肚（其实是袜胸、袜肚）；元朝称为合欢襟；明朝称为主腰、襕裙；到了清朝出现了肚兜。其实这些内衣很像今天的背心，并不是今天我们看到的女性内衣的样子。但大体上的设计形状和理念都延续了"亵衣"的风格。

从古代给内衣的命名我们可以看到，内衣尤其是女性的内衣自古就是非常私密而隐晦的。同时寄寓着古人无穷的智慧。最早出现的"亵衣"，它的设计是前圆短，而后方长，这体现的就是古人天人合一的理念。同时肩部、胸部和腰部都有系带，这跟"形体内衣"的设计理念倒有几分相似。"亵衣"有些地方要绣上五彩的图案，这样就能照顾到整体的美观了。

延伸阅读

● *古代的女人穿内裤吗？*

在汉代之前，女子大体上是穿"裳"的，下体并未着衣物，女性是不穿内裤的。《汉书·上官皇后传》说："虽宫人使令皆为穷裤，多其带。"所谓"穷裤"，就是开裆裤。它很方便大小便，自然也成为女性的首选。然而不穿内裤，也不是什么败坏纲常的事情。女人们穿的裙子里面有一个短的部分，类似于现在的衬裙，这个是起到了内裤的作用。需要顺便提及的是，汉代以前的男子也是不穿内裤的，但是由于要骑马作战，大腿、臀部经常被磨破，因而男子下身加穿了一层短衣服。可算是内裤雏形吧。

● *古代游牧民族女子的胸衣*

北方游牧民族中，女子是穿胸衣的，不过当时叫"两当"。这个"两当"，就是古代的短袖衫，当把它套进上身时，前可以遮住前胸，后可以盖住后背，故名"两当"。它是双层的棉衫。可以说，"两当"就是背心的最早形式。

18 擅长走门路拉关系而成功的人被称为“长袖善舞”，这和袖子有什么关系？

战国时，魏国的范睢，年轻时很有辩才。有一次，他陪须贾出使齐国，齐襄王很看重范睢，于是向他行贿。这件事虽然被他拒绝了，可范睢却被中大夫须贾误认为是奸细。因此，范睢被须贾打得筋断骨折，并被投入了厕所。后来，设法逃出魏国的范睢化名张禄，跑到了秦国，向秦昭王献计实行“远交近攻”的战略，得到秦王的赏识，并升任为丞相。

燕国的名士蔡泽来拜见应候范睢。这个蔡泽也不简单，同样是能言善辩的谋士。拜见范睢后，他第一句话就是让范睢卸任，由自己来当秦相。别人不知道，范睢可知道，蔡泽的意思是让自己急流勇退。在官场打拼了这么久，确实发现这不是一个久居之地。于是范睢推荐蔡泽为秦相，自己则归隐山野。

▲ 甩袖舞俑(汉)

对这一故事，司马迁引《韩非子·五蠹》中说：“鄙谚曰：‘长袖善舞，多钱善贾。’此言多资之易为工也。”意思是说衣袖长的人就方便跳舞，有巨资的人就方便做生意。司马迁也说这其实就是范雎、蔡泽二人的办法，他们借助别人的衣袖，而在历史舞台上翩翩起舞。从此“长袖善舞”的成语便流传下来了。

由古至今，“长袖”和“舞蹈”之间，便有着密切的关系。我们常说“手舞足蹈”，那单单是用手舞动，或许是一种美，如果加上长袖就又是一种美了。长袖增加了手臂的长度，延展了舞蹈的表意手段。同时，当女子舞动长袖时，就像九天的仙娥一般，穿梭在自身的衣袖内，就跟游龙相仿。“长袖”能够“善舞”，也的确能显出古代舞蹈的韵味。那古代的“长袖”，又有着怎样的变迁呢？

▼ 唐代仕女图

远古时期，随着骨针和骨锥的出现，人们开始制作服装，当时的衣服，是把两臂裸露在外的，并没有袖子。夏商的衣服，袖子出现了，但袖口很窄。

西周封邦建国后，便形成了森严的等级制度，而服饰的发展，在此时也成了定制。当时的流行款式还是上衣下裳，但袖子却日渐增大，变成了“大袖”。而这种“大袖”，也成了日后贵族妇女常穿的礼服。地位低的妇女，只能穿用“背子”了。

春秋战国出现的深衣，更是延续了大袖的特点。深衣的上衣和下裳，是结在一起的。它的袖子是直筒的。此时的袖子，就已经是长袖了，但这种长袖的深衣只有舞蹈时才穿。

秦汉时流行“襦裙”，窄袖紧身，成了这个时代服饰的标志。其中，有一种三重领子的“三重衣”可以显现出着衣者的文静与幽雅，当时颇受欢迎。魏晋南北朝时期，人们崇尚飘逸，而袖子也变得颇为肥大。弧状的大袖足可垂地，倒是跟现在的唱京戏的戏服类似。

唐宋明几代的服饰中，大体上是选取大袖和小袖两种。大袖，基本沿袭了前朝的风格，也是聚会的正式礼服。而小袖，一般都是短襦所采用的，穿上短襦，也给人一种俏丽修长的感觉。

中国服饰中的袖子在演变过程中受到了儒家礼仪、社会道德的限制，想要“长袖善舞”其实也不容易啊。

我们在古装影视剧中经常会看到古人把钱放入袖口中，那么古人的袖子里面到底有什么玄机。他们不担心东西会掉出来吗？

其实，在古人宽大的袖子里面靠近袖口的内侧（大概距离手腕20厘米处）有一个口袋，袋口是向斜上方的，只要定住袋口，把物件放入，口袋就会下垂，那样胳膊怎样动，也不会甩出东西的。但是，这个口袋里面可不是什么东西都能装，能放进里面的都是一些轻巧的东西，像丝绢、银票是可以，如果是金银等比较重的物品，古人一般是放在随身携带的荷包里面的，而穷人一般是使用褡裢。

“巾帼不让须眉”是指一个女子的所作所为并不比男人差，“巾帼”究竟是什么东西呢？

三国时期的蜀国丞相诸葛亮数进中原都无功而返。这一次，他决定再次兵出祁山。此时魏国领兵的正是老对手司马懿。两人要是论智谋，绝对是旗鼓相当。

▼ 妇女束发雕砖（北宋）

诸葛亮也知道，司马懿一向老练有谋，自己这次兵出斜谷，到底怎样做才能迫使司马懿落进圈套呢。思考良久，诸葛忽然想到一计，也许这样才能引诱魏军上当。

在帐中的司马懿获得禀报，说诸葛亮派人给他送礼来了。这太阳打西边出来了，两国仇敌，哪会那么好心送礼。而当司马懿打开诸葛的礼物时，不由得勃然大怒。原来诸葛在锦盒里，放了“巾帼”进去，这可是女人的饰物，哪有男人佩带这个的，这明明是讥笑他懦弱无能、怕死贪生吗。

大怒过后，司马懿冷静下来，才明白这是诸葛亮的激将法。最终还是司马懿老练，收起了巾帼，就跟没事人一样。诸葛亮这一计没有成功。

这个故事表明巾帼是女性的专用饰物，诸葛亮就是想用巾帼激怒司马懿发兵迎战。那么，巾帼在古代到底是什么样的呢？

巾帼，其实是包裹在头上的装饰，由于质地的原因很不易保存。所以至今，还没有一件巾帼的考古发现。根据文献记载，巾帼是妇人的头巾。它形状很宽大，有些像将军的头冠。而在巾帼内部，则有一圈金属丝套，有的则是木竹片削成的套，外面就是一条彩色的丝巾。

由于巾帼形状很像头冠，当女子戴上巾帼时，便很容易将长头发包裹在里面，也把自己的前额罩住。两侧的飘带垂下，可以固定住巾帼，飘带可以系结放于脑后。它就像帽子一样，可以随时取下，也可以方便地戴上。

其实，在先秦时期，男女都可以戴巾帼。到了汉代，巾帼才成了妇女的专用饰物，难怪司马收到巾帼，会被气个半死。据说，汉代宫廷贵族夫人们，在面见贵客时，要专门戴上巾帼，这也成了一种礼仪的象征。

当然，贵族的巾帼装饰比一般人

▲ 侍女图

的要讲究许多。于是，汉代之后的很多巾帼，总是缀着珍珠翠玉，这样搭配也是为了显示贵妇的高贵身份。

现在，我们能见到的巾帼的资料已经非常少了。有一件四川崖墓出土的一个女佣。这个女佣的头上，便是戴着冠一样的饰物，它勒住了前额，有飘带绑在后脑。根据史料的记载，这个饰物应该就是巾帼了。

延伸阅读

古代妇女的发饰

古人认为：“身体发肤，受之父母。”因此把头发是看作像生命一样重要。古代中国女子除相貌外，最注重头发的修饰了。传说汉武帝第一次见到卫子夫，就是被她的秀发吸引住了，“上见其美发，悦之，遂纳于宫中。”

除了头发外，文献中记载女子发饰多到浩如烟海，它是美发的重要部分，梳好的发要用花和宝钿花钗来装饰。这宝钿花钗里包括发簪、华盛、步摇、发钗、发钿。皇族贵胄的女子可以用珍奇的材料做发饰，而一般小户人家只能戴荆钗　“拙荆”便是古代男子对外人称呼妻子的谦辞。

发簪在发饰文化中有着悠久的历史。《辞海》里说：“簪，古人用来插定发髻或连冠于发的一种长针，后来专指妇女插髻的首饰。”其实，早在殷商时期，古人就开始用簪了，簪的用途有两方面，一是安发，二是固冠。簪在古代是男女通用的，杜甫有诗“白头搔更短，浑欲不胜簪”。在古时用簪还代表着尊严——犯罪之人不能带簪。

中国少数民族的用簪也是历史悠久，并且具有浓厚的民族特色。发簪流行的盛世出现在唐宋时期。唐代敦煌壁画中的众多妇女就是插满花簪的形象。唐代流传下来的绘画中也有众多满头插簪的妇女形象。

明清时期发的变化多集中在簪首上。那时的发簪有各种各样的形状，还爱用花鸟鱼虫、飞禽走兽作簪首形状。

古人的假发

早在3100多年前的西周，就已经有假发了。当时，上至王族太后，下至贵族妇女，参加重大祭祀活动时，都要用副、编这样的首饰来装扮。而副、编，就是最早的假发。“副”的意思，就是覆盖在头上的饰物，而“编”，其实就相当于辫子，这种假发应该是编绑在人们的头发上的，有点像现在的续发。后来，还出现过一种叫“髲”的饰物，它就相当于“披”，可能是取假发披在头上的意思。

在过去的婚礼中，新娘子头上为什么一定要蒙上一块红盖头？

传说在远古的时候，人们的行为触怒了天帝。于是天帝派出了风、雨二神，下界来惩罚人类。所以，风雨二神在人间掀起了狂风暴雨，洪灾使得人类几乎灭绝了。

在人间，就只剩下伏羲和女娲这对兄妹了。伏羲氏相传是雷公的孩子，天帝钦定的人皇，他非常善良，为人又勤奋；而女娲则是伏羲的义妹，更是人母之选。同时天帝也不忍心看到人类真正灭绝，于是便留下了这对兄妹。

伏羲和女娲得到了天帝送的竹篮，因此躲过了大洪水。但是洪水过后，人间就只剩下一片荒凉了。兄妹二人为了繁衍人类，决定结为夫妻。

但毕竟两人曾是兄妹相称，现在结为夫妻，又都非常害羞。所以两人又向上天询问，如果老天真让他们结合，那就让满天的云朵结在一起，如果上天不答应，那云朵散开就是了。忽然间，晴朗的天空乌云密布，朵朵云彩结在了一起。既然是上天的意思，也为了子孙的繁衍，两人最终拜天地，结为了夫妻。

女娲为了遮羞，便用草编成了扇面，

▲ 伏羲女娲像

盖在了头上并遮住了脸。从此盖头也就产生了。

这虽然只是传说，但也可以看出在古代人们结婚礼仪方面的一些情形，以扇遮面是仪式里一个成分。因为结婚时遮面的东西，既要美观大方，又得柔软轻便。所以丝织的“盖头”替代了从前的“以扇遮面”。

那么“盖头”为什么要选用“红”呢？为什么非得是新娘子戴呢？

其实，中国红与西方的含义截然不同，中国的红色有喜庆的意味，象征着鲜艳、辟邪。所以古代结婚的时候，是要以红色调为主的。不然就不会有“红白喜事”的说法了。而且中国古代封建社会，礼教森严，女子要恪守妇道。出嫁之前，女子是要大门不出、二门不迈的，一般的男子根本见不到闺中小姐的。而女子在出嫁之时，也是不能和生人见面，只有自己未来的丈夫，才有资格看到自己的脸。所以一来为了遮

▼ 传统婚礼用品

羞，二来为了维护封建礼教，“红盖头”，就成了古代女子结婚的必需品了。

入洞房时，只有新郎才可以揭开盖头，而当新郎喝得不省人事时，新娘也就只好戴着盖头，一直坐等到天亮了，她自己也同样没有资格揭盖头。

那“红盖头”又最早出现在什么时候呢？

最早的盖头，大概出现在南朝的齐代，但当时并未成为结婚的定制，只是挡风用的。到了唐代，有一种从头搭到肩膀的帷帽，据传唐明皇让妇人在帷帽上盖一块薄纱遮面，但只是当作装饰物。到了五代后晋之时，“盖头”才成了新娘的专利，当时为了展现出婚礼的喜庆，所以便选择了红色。从此，“红盖头”流传至今。

一般的红盖头，是用红缎的丝绸做的，它的选料可以是名贵的苏杭丝绣，也可以是一般作坊的丝织品。古代女子毕竟一生只戴一次“红盖头”，所以奢华一些也在情理之中。

古代女子的腰带

古代的腰带名目很多，男子主要是配皮革的腰带。而女子也是有腰带的，她们的大体是丝带，一般称作“丝绦”。许慎的《说文解字》就说过这个问题，“男子带鞶，妇人带丝”，说的就是这事。当然古代男子也是可以扎“丝绦”的。女子腰带系结后，有一部分下垂的，也有个名称叫“襳褵”，而且系成的结，若是活结就叫“纽”，若是死结就叫“缔”。

手帕的由来

其实，早在几千年前中国就出现“手帕”了。我国古代的“手帕”是从“手巾”演变而来的。先秦时期，人们洗面使用的是“巾”。汉代之前只叫作“面巾”，而汉代之后，“巾”的用途就广了，也就称“手巾”了。到了唐朝，才有了“手帕”的说法。而且“手帕”的做工也更为精美，上面可以有很多的刺绣。这样的“手帕”更多的成了一种装饰品。

有意偏向一方被称为“偏袒”，这与穿衣又有什么关系呢？

“偏袒”这个词和汉高祖刘邦建立的大汉王朝有直接的关系。

刘邦从一个小小的亭长，成为西汉的开国之君，少了得利的帮手是不可能完成这个飞跃的。这些帮手里面有一个人叫周勃，作战英勇，官拜太尉。

公元前195年，这位大汉开国皇帝已经进入弥留之际，他心里还有一个担心，就是怕自己死后有人借机篡权，因此刘邦早就对周勃有所授意，希望他能在关键时刻维护自己刘氏王朝的利益，并且刘邦曾说过：“安刘氏者，必勃也！”

▼ 彩绘杂技乐舞俑群（西汉）

刘邦死后，吕氏开始专权，吕后大肆培植自己的势力，想把刘氏王朝篡为吕姓。因为有高祖的重托，周勃决心挫败吕后的阴谋。首先要做的就是要把兵权夺过来。

这一天，周勃把将领们都召集在一起，宣布了自己的主张，他对士兵们说："你们凡是拥护现在的吕后的，就脱掉袖子，露出右臂；凡是拥护刘氏的，就露出左臂！"周勃的话音刚落，兵士们都"刷"地露出了左臂，表示拥护刘氏，听他的指挥。

在周勃等老臣的有力打击下，吕氏最终垮台了。

汉承秦制，我们知道秦代的士兵穿的衣服如同秦始皇兵马俑，那么汉代军服是怎么样的呢?

秦人尚黑，秦代军服都是黑色的，汉代的军服也承袭了这个传统，铠甲都是黑色的，称为"玄甲"。当然这是汉早期军服的颜色，通观整

▲ 彩绘立射陶俑和男立俑（西汉）

个汉代，绛色和赤色是主流色彩，汉代的制度规定："司空骑吏以下皂袴，因秦水行。今汉家火行，宜赤绔。"另外，丞相的警卫部队要穿绛色的军服，敲鼓的士兵要戴红色的头巾。由此可见，起先汉代沿袭了秦代军服的黑色，然后根据汉代行火德的理念，对制度进行了修改，改为赤色。根据《后汉书》的记载，东汉光武帝刘秀起兵的时候穿戴的是"绛衣大冠"，这个形象在汉代是将军的服饰。

可以想见，周勃当时身着绛色军服，面对的是身着红色军服的士兵，号召兵士们为汉尽忠，将士们同时袒下左边的袖子是何等壮观。

延伸阅读

● *和尚穿袈裟为什么要露出一只胳膊？*

这是一个关于佛教祖师达摩与弟子的故事。相传，慧可是一个非常笃信佛教的儒生，倾慕达摩的修炼之术，因此追随达摩来到嵩山少林寺修行佛法，在达摩身边侍奉。但是达摩一直觉得慧可对佛法不够虔诚，并且怀疑他修行的毅力不够坚定。因此，慧可一直没有受到达摩的真传。

有一年冬天，达摩闭关修炼，慧可就一直站在外面等待达摩。忽然，天降大雪，但慧可依然站在那里。第二天上午，达摩结束入定状态，看到慧可仍然站在那里，就问他为什么站在那里不走，慧可说希望得到祖师的真传，但是达摩却说："若想得到真传，须天降红雪。"很显然，这是达摩还在怀疑慧可的诚心。这时候慧可忽然拔出戒刀，砍断了自己的左臂，地上的雪立刻被染红了。达摩深受感动，决定将佛法亲传给慧可。从此，为了纪念慧可为求真传，立雪断臂的事迹，后人在少林寺立了建了一座立雪亭，并且穿袈裟时也要露出左臂，以示对慧可的纪念。

22 “如履薄冰”“履行义务”“履历”这些常用词语中“履”字原意是什么？

其实，“履”的原意是“鞋”的意思。古代有个“郑人买履”的故事是很有名的。

春秋时期，郑国有个人想要买鞋子。首先，他在家里量了自己的脚，然后，便把这个尺码放在了桌子上。

到了赶集的时候，匆忙之间，他忘了拿那个尺码。等这个人在集市上选好了款式新颖的鞋子，往兜内一摸，才发现尺码没拿。

于是，他又急忙往家赶，去拿尺码。而等他再次返回的时候，集市已经结束了。

▲ 东汉魏晋花卉纹晕间缂毛靴

旁边的人知道情况后说，为什么你不用脚去试鞋呢。

他反而说，自己宁可相信尺码，也不愿相信自己的脚。

“郑人买履”讽刺教条，不知变通的人。

可见，春秋战国时期，平民百姓的鞋叫做“履”。而且当时，已经出现了专门卖鞋的作坊。

中国鞋的历史相当悠久。履在古代被称为“足衣”，也就是现在所说的鞋袜。它和所有的服饰一样，不单单是一种生活常用品，也有审美装饰的作用，更是一种文化礼仪。那么鞋是怎样出现的呢？它又有着怎样的分类呢？

▼ 清代云灰绸绣花蝶纹花盆底鞋

在原始社会，先人茹毛饮血。当时都是赤足的，但如果行走在山间，经常会踩到石子上，有时甚至会划破脚掌。到了冬天的时候，人们也需要捕猎，他们往往寸步难行。于是，为了维持生计，简易的鞋子便诞生了。大概是在5000多年前，仰韶文化遗迹里便发现了最早的鞋，而且还是“皮鞋”，就是用兽皮缝制而成的。

在3000年前的《周易》中，已有“履”的记载。《诗经》上更有“纠纠葛屦，可以履霜”，这里所提到的“葛屦”，就是一种用麻和葛做成的，很简陋的鞋子。

“履”只是古人“足衣”的一种。鞋在古代的叫法，还有很多种，像屩、屐、鞮等。为什么会有这么多叫法呢？跟现在一样，我们有皮鞋、布鞋、草鞋、雨鞋、凉鞋、球鞋等等，古代的鞋子也有很多种。从做工、样料、功能上，便可以分出不同的种类。

鞋，在中国古代历史上，还是一种等级的代表、礼仪的象征。比如在秦汉时，要脱鞋穿袜进屋。古人上朝之时，只能穿袜上殿，能够登鞋觐见，那是莫大的殊荣，只有像萧何、曹操这样的重臣才可享受这样的待遇。

延伸阅读

“给别人穿小鞋”为何成了为难他人的代名词？

我们有时会说，某领导给自己的下属穿小鞋，其实就是说他利用职权，使得别人陷于困境。那么“小鞋”，为什么会成了为难别人的代名词？女人裹脚之习，大概起于宋，而盛于明清，至其极致，有“三寸金莲”的说法。民间男女成婚前，双方是不允许见面的。于是媒婆会拿着女方的鞋样，给男方过目，男方若同意了，便依样做双绣花鞋。如果男方故意把鞋子做小，当然女方就穿不上去，即使穿上也不会舒服，这就要丢人了。结婚时这双鞋是必须穿到男方家的，于是“穿小鞋”的说法，也传了下来。

古代女人的脚为何称为“三寸金莲”？

古代缠足是对女性身心的一种摧残。所谓“三寸”是说脚被缠过之后已经很小了。

相传隋炀帝东游江都时，征选百名美女为其拉纤。一个名叫吴月娘的女子被选中。她痛恨炀帝暴虐，便让做铁匠的父亲打制了一把长三寸、宽一寸的莲瓣小刀，并用长布把刀裹在脚底下，同时也尽量把脚裹小。然后又在鞋底上刻了一朵莲花，走路时一步印出一朵漂亮的莲花。隋炀帝见后龙心大悦，想玩赏她的小脚。吴月娘慢慢地解开裹脚布，突然抽出莲瓣刀向隋炀帝刺去。隋炀帝连忙闪过，但手臂已被刺伤。吴月娘见行刺不成，便投河自尽了。事后，隋炀帝下旨：日后选美，无论女子如何美丽，“裹足女子一律不选”。但民间女子为纪念月娘，便纷纷裹起脚来。当然，这是传说，现实中，中国古代女子缠足应该是兴起于北宋，元朝进一步发展，元末就已经非常盛行了，甚至出现了以不缠足为耻的观念。明末时，对裹足的形状也有了一定的要求，女子的脚不但要小，要缩至三寸，而且还要弓。由此可见，“三寸”的说法应该是慢慢形成的。

至于为什么叫“金莲”，至今还没有一个统一的说法。一种说法认为，金莲得名于南朝齐东昏侯的潘妃步步生莲花的故事。东昏侯用金箔剪成莲花的形状，铺在地上，让潘妃赤脚在上面走过，从而形成“步步生莲花”美妙景象，后来留下成语“潘妃金莲”以形容女性步姿婀娜轻妙。有学者认为，小脚之所以称之为金莲，应该从佛教文化中的莲花方面说的。莲花出淤泥而不染，在佛门中被视为清净高洁的象征。佛教传入中国后，莲花作为一种美好、高洁、珍贵、吉祥的象征也随之传入中国，并为中国百姓所接受。在中国人的吉祥话语和吉祥图案中，莲花占有相当的地位也说明了这一点。故而以莲花来称妇女小脚应该是一种美称。

“冠冕堂皇”形容外表庄严或正大的样子，“冠”和“冕”分别指的是什么？

冠冕，指的是古代帝王、官吏的帽子。

战国时期，赵惠文王得到了一块稀世的璧玉——和氏璧。这件事很快就被秦昭王知道了，他非常想将和氏璧据为己有，于是假意写信给赵王，表达了愿意用15座城来换这块璧的意思。

赵王举棋不定，给吧，怕白给了却没换到城，不给吧，又怕秦国出兵威胁。正在和群臣商量无果的时候，有人推荐了蔺相如，说他是有勇有谋的义士，可以出使秦国交涉这件事。

赵王立即召见，蔺相如说：“秦国是强国，不能不给。”又说：“赵国不答应的话，是我们理亏；秦国不肯交城的话，是他无理。相比，宁可让他不讲道义。”

于是，蔺相如带着和氏璧出使秦国，秦王立刻在临时宫室召见了他。秦王看到和氏璧非常高兴，爱不释手，又递给左右大臣和姬妾们传看。蔺相如见秦王傲蔑无礼，又没有交城的意思，便上前道：“璧上还有点小毛病，我指给大王看吧。”

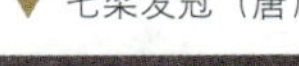
▼ 七梁发冠（唐）

蔺相如拿到璧后，马上退后几步，靠近柱子站住。他极度愤怒，“怒发上冲冠”，头发直竖，顶起帽子，慷慨激昂地说：“当初我们本不打算把璧

送给秦国，但两国怎么能因为一块小璧就交恶呢？赵王斋戒五天后才派我过来，就是为了尊敬有礼啊。我来之后，大王却没有按照礼节接见我，拿到璧后竟又这样戏弄我，所以我把璧取回来。大王要是逼迫我，我宁可与璧一起在柱子上撞个粉碎！”

秦王没办法，只得道歉，并答应斋戒五天后受璧，再换城池。但蔺相如料到秦王根本不会交城，就私下让人把璧安全地送了回去。

这段故事里，蔺相如所戴的“冠”，可不是普通的帽子，是专属于贵族男子的。古时，贵族才能戴冠乘车，车有车盖，所以用“冠盖”来指称贵人、仕宦。冠的样式也不同于现代的帽子，只有狭窄的冠梁，遮住头顶的一部分，两旁用丝带在颈下打结固定。

另外，冠还包括冕、弁。冕是帝王、诸侯、卿大夫所戴的礼帽，皇位的继承者才能加“冕”，这是最高级别的冠了。“冠冕堂皇”本来是说帝王贵胄很有气派、很庄严，也源于冠、冕是他们的专属物。我们常说的一个词——“无冕之王”中的“冕”正是这个意思。弁也是古代贵族男子戴的，地位次于冕，常和礼服搭配，样子有点像后来的瓜皮帽。

▲ 汉代戴冠着衣男俑

贵族是这样戴冠的，那普通百姓呢？庶人戴巾、帻。巾就是他们在劳动时擦汗的布，也可以戴在头上当帽子裹头。直到汉代，这种巾仍用于庶人和隐士。秦朝时，帻允许军士使用。到西汉末年，据说王莽怕人耻笑自己秃头，就特别制作了帻包头，后来戴帻就成了风气。

帽子很早就已经出现了，但是人们很少谈到“帽”这个词，都是用冠、冕、弁、巾、帻来指称各种各样的帽子，统称的话就是“头衣”。现在人们常说脱帽致敬，脱帽在现代社会里是一种礼节，但是在古代，脱掉帽子却是一种很不礼貌、很不庄重的行为。另外，华夏以外的各民族是不戴帽子的，冠髻只有汉族才采用，难怪孔子会说，“微管仲，吾其被发左衽矣”，披头散发就等同于少数民族了。

可见，冠和帽原本不是一回事，其间经历了漫长的演变过程。

延伸阅读

● “弱冠”是年龄的代表，但是“冠”和年龄怎么扯上了关系？

古时候，不论男女都要蓄留长发的，等他们长到一定的年龄，要为他们举行一次“成人礼”的仪式。男子行冠礼，就是把头发盘成发髻，谓之“结发”，然后再戴上帽子。《说文解字》里说：“冠，弁冕之总名也。谓之成人。”在《礼记·曲礼上》也有：“男子二十冠而字。”意思是，举行冠礼，并赐以字。“冠岁”意思就是男子二十岁了，说明他刚刚到了成人年龄，二十岁也称“弱冠之年”。因为身体还不强健，故称“弱冠”。

冠礼由父亲主持，并由指定的贵宾为行冠礼的青年加冠三次，分别代表拥有治人、为国效力、参加祭祀的权力。加冠后，由贵宾向冠者宣读祝词，并赐上一个与本人才干德行相当的“字”。这些仪式完成之后，已经成年了。

● “绿帽子”是妻子出轨的代名词，那为什么非得用绿色的帽子不达意来表示，不是红帽子或者蓝帽子呢？

汉民族向来是重色彩的民族。《礼记》里讲：“夏后氏尚黑，殷人尚白，周人尚赤。”后来秦灭周，又尚黑；汉灭秦，武帝“易服色”，改为尚黄。到了魏晋，情况比较复杂，天子和群臣要按春、夏、季夏、秋、冬五个时节穿戴五种朝服，其色依次是青、朱、黄、白、黑。

隋唐建立后，正式把服饰的颜色作为区别贵贱尊卑的一种手段。唐太宗贞观年间，国家规定：皇帝穿黄色的龙袍，百官三品以上的穿紫袍，四品五品穿深红袍子，六品七品穿绿袍子，八品九品穿青色的袍子。宋元明清各朝大体沿袭了这种制度。可见，绿色、青色自古在官场上就是低贱的代表。当年白居易被贬为江州郡司马，官列九品，所以《琵琶行》诗中用“青衫”代称。他的《忆微之》诗云：“折腰俱老绿衫中”，形容仕途坎坷，直到老年还处在低微的绿衫行列中。

在民间，穿青色和绿色衣服的也都代表着这些人从事的是低贱行业。比如元明两代，乐人、妓女必须着绿服、青服、绿头巾，而《元典章》规定：娼妓之家长和亲属男子裹青头巾。由于青、绿二色比较接近，由此，“青头巾”就与娼妓的男性亲属有了联系。由于青、绿二色同属贱色，因为又与娼妓有关，“绿头巾”就专用来指妻子有不贞行为的男人，最后演变成了今天的“绿帽子”一词。

24 “衣冠禽兽”现在是指品德恶劣、行为像禽兽一样的人，为何原意却是指代明清两代的官员朝服呢？

“衣冠”作为权力的象征，历来受到统治阶级的重视，在官服上绣以飞“禽”走“兽”，来显示文武官员的等级。这种等级制度，从明朝就已经开始了。据明、清两史的《舆服志》记载，文官绣禽、武官绣兽，而且等级森严，不得逾越。“衣冠”上的“禽兽”与文武官员的品级一一对应。

文官从一品至九品的图案分别是：鹤、锦鸡、孔雀、雁、白鹇、鹭鸶、鸂鶒、鹌鹑、练雀。

武官从一品至九品的图案分别是：麒麟、狮、豹、虎、熊、彪、犀牛、海马。

因此，最初的“衣冠禽兽”就是指朝廷的文武官员，做“衣冠禽兽”当然就是大家所向往的，此时的

▲ 清代补服方补实物之一（十二件）

▼ 清代补服方补实物之二（十二件）

“衣冠禽兽”是褒义词。但是明朝中晚期，官场腐败，文官爱钱，武将怕死，欺压百姓，无恶不作。于是，“衣冠禽兽”就演变成为非作歹、如同牲畜的贬义词。

清军入关建立清王朝，官服依然承袭了明代官服样式，只是对图案等配饰做了修改。清代的朝服称为“补服”“补子”，补服也叫“补褂”，为无领、对襟，其长度比袍短、比褂长，前后各缀有一块补子，清朝补子比明朝略小。补服是清代主要的一种官服，穿着的场所和时间也较多。所有的补服都是石青色，它是区分文武官官职品级的主要标志。清官共分九品十八级——文官绣飞禽，武官绣猛兽。

亲王级别的是：身前身后五爪正龙各一团，两肩五爪行龙各一团；

郡王级别的是：身前身后两肩五爪行龙各一团；

贝勒级别的是：身前身后四爪正蟒各一团；

贝子级别的是：身前身后四爪行蟒各一团；

镇国公、辅国公级别的是：身前身后四爪正蟒各一方；

公爵、侯爵、伯爵级别的是：身前身后绣九蟒；

子爵级别的是：身前身后绣麒麟；

男爵级别的是：身前身后绣狮。

● *形容官员廉洁经常用“两袖清风”，这个词是怎么来的？*

明朝正统年间，宦官王振结党营私。每次朝会时，各地的官员们都要给他送礼巴结他，金银珠宝、奇巧玩物应有尽有。巡抚于谦每次进京奏事，从来不带任何礼品。他的同僚劝他说：“你虽然不献金宝、攀求权贵，也应该带一些著名的土特产如线香、蘑菇、手帕什么的，送点人情啊！”于谦笑着举起两只袖子说：“我袖子里面装了清风啊！”于是，“两袖清风”就成了对那些阿谀奉承的人讽刺的成语了。

“女为悦己者容”意思是说女子为了喜欢自己的人化妆打扮，古代女子化妆都有什么花样呢？

说到化妆，在我国很早就有记载了。《中华古今注》里面记载：“自三代（夏商周）以铅为粉，秦穆公弄玉为烧水银做粉与涂，亦名飞云丹。”如今，夏商周是否用铅粉化妆我们已经无从考证了。《礼记》也有记载，古人曾“以丹注面”，说明那时人们用红颜色当胭脂涂在脸上化妆了。汉代女子化妆之风很盛行，并且出现了专门的化妆颜料。在贵族阶层，妇女们更是盛行化妆，除了在脸上画各种图案外，在头部的又加上了各种珠玉佩饰。到了盛世唐朝，出现了很多化妆的名称，如“红妆”“晓妆”“桃花妆”等等。并且有的贵妇人化妆要有众多的婢女配合，一化就是一个时辰，甚至为了一次出行，半天都在化妆。而民间的女子，只是到出嫁的时候才会精心打扮一次。

▼ 妆靓仕女图

古代女子的化妆主要有以下几方面的内容：

首先是“花钿”。这种化妆方式又称花子、面花、贴花，是贴在眉间和脸上的一种小装饰。

《木兰辞》中有：“开我东阁门，坐我西阁床，脱我战时袍，著我旧时裳，当窗理云鬓，对镜帖花黄。”这是木兰脱下戎装，换上红装的情景，那么什么是“花黄”？花黄是古代流行的一种女性额饰，又称额黄、鹅黄、鸭黄、约黄等，是把黄金色的纸剪成各式装饰图样，或是在额间涂上黄色。这种化妆方式起源于南北朝，当时佛教盛行，爱美求新的女性从涂金的佛像上受到启发，将额头涂成黄色，渐成风习。南朝梁简文帝萧纲《美女篇》云：“约黄能效月，裁金巧作星。”就是指额黄。

南北朝刘宋时，宋武帝有一个女儿称为寿阳公主，长得美貌如天仙。有一天，她在宫里玩累了，就躺在宫殿的檐下。此时正逢梅花盛开，一阵风过去，几瓣花瓣恰巧掉在她的额头，留下了斑斑的粉色花痕，这样一来寿阳公主更加娇柔妩媚。从此，爱美的寿阳公主就常将梅花瓣贴在前额上了。这种装扮叫做“梅花妆”。

其次有“口红”。古代把口红叫做口脂、唇脂。口脂是朱赤色的，涂在嘴唇上，可以增加口唇的鲜艳，自古以来就受到女性的喜爱。例如，唐朝元和年以后，由于受吐蕃服饰、化妆的影响，出现了“啼妆”“泪妆”，顾名思义，就是把妆化得像哭泣一样，当时号称“时世妆”。诗人白居易曾在《时世妆》一诗中详细形容道：“时世妆，时世妆，出自城中传四方，时世流行无远近，腮不施朱面无粉，乌膏注唇唇似泥，双眉画作八字低，妍媸黑白失本态，妆成近似含悲啼。”当然因

▶ 仕女整妆图

为这个化妆方法只是追求另类，很快就消失了。

还有“傅粉”，傅粉即在脸上搽粉，中国古代妇女很早就搽粉了，这一直是最普遍的化妆方式。

再比如“画眉”。画眉是中国最流行、最常见的一种化妆方法，产生于战国时期。屈原在《楚辞·大招》中记：“粉白黛黑，施芳泽只。”“黛黑”指的就是用黑色画眉。汉代时，画眉更普遍了，而且越画越好看。到了盛唐时期，流行把眉毛画得阔而短，形如桂叶或蛾翅。到了唐玄宗时画眉的形式更是多姿多彩，名见经传的就有十种眉：鸳鸯眉、小山眉、五眉、三峰眉、垂珠眉、月眉、分梢眉、涵烟眉、拂烟眉、倒晕眉。光是眉毛就有这么多画法，可见古人爱美之心的浓厚。

可见，爱美的不仅是我们现代人，古人发明的很多化妆的方法至今仍在使用，爱美之心古今相同啊。

胭脂是怎么来的?

胭脂是古代妇女常用的化妆品 历代典籍中有关胭脂的写法有很多，如“焉支”、“烟支”、“鲜支”“燕支”“燕脂”“阏氏”等等。

胭脂是一种红色的颜料，有种说法认为古代胭脂的真正产地是匈奴境内的焉支山，而“阏氏”这个名称，是对匈奴人对宫廷妇女的一种称呼，原指贵族正妻，因为这些贵族妇女常用“阏氏”妆饰脸面，所以“阏氏”成了她们的代称呼。

据说胭脂传入中原和张骞出使西域有关。所谓“胭脂”实际上是一种名叫“红蓝”（花名，产自西域）的花朵，它的花瓣中含有红、黄两种色素，花开之后被整朵摘下，然后放在石钵中反复杵槌，淘去黄汁后就可以做成鲜艳的红色颜料。这就是胭脂。

由于胭脂的推广流行，汉代以后，妇女作红妆者与日俱增，且经久不衰。从大量的文献资料记载看，古代妇女化妆往往是脂粉并用的。

饮食篇

YIN SHI PIAN

古人素有“民以食为天”的说法，可见饮食对人的重要性，同样，这种认识也反映在了文化中。无论是俗语“吃醋”“吃豆腐”“僧多粥少”还是成语“觥筹交错”“珍馐美味”“画饼充饥”无不浸透着古人的饮食文化观念，饮食篇为您趣解其中的深意。

夫妻相互尊敬称作“举案齐眉”，这和“举案”有什么关系呢？

“举案齐眉”的典故出自《后汉书·梁鸿传》，讲的是梁鸿和孟光夫妇相敬如宾的故事。

梁鸿，字伯鸾，是陕西扶风平陵人。他是一位品德非常高尚的贤士，因此给他说媒的人特别多，但是都被梁鸿拒绝了。梁鸿自己早有打算，因为同县的孟氏有一个女儿，虽然长得又黑又丑，却对父母说过：“我要嫁像梁伯鸾一样贤德的人。”梁鸿很欣赏这个姑娘，于是准备娶她。

这个孟姓的姑娘嫁给梁鸿以后，每天都打扮得花枝招展的。没成想，婚后一连七天，梁鸿都没跟她说一句话。

这天，妻子跪在梁鸿面前，说：“我嫁给夫君后，夫君不理睬我，不知我有什么过失？”梁鸿见状，答道：“我心目中的妻子应该是位能穿粗布衣服、并能与我一起隐居到深山的人。现在你却整天穿着绫罗绸缎做成的衣服，搽脂抹粉，这哪里是我理想中的妻子啊？”

▼ 双层九子漆奁（西汉）

妻子听了，笑着对梁鸿说：“我这样穿着打扮，只是想验证一下，夫君你是否真是一位贤士。我现在明白了。”后来，他为

▲ 举案齐眉

妻子取名为孟光。他们一道去了霸陵（今陕西省西安市东北）山中，过起了隐居的生活。因作《五噫歌》惹汉章帝不快，他们不得不迁居齐鲁之地。为避免朝廷的征召，梁鸿夫妻又离开了齐鲁，到了吴地（今江苏境内）。梁鸿靠给人家舂米为生。每当梁鸿回家时，妻子孟光总是把饭菜，恭恭敬敬地送到丈夫面前。

这个故事千百年来被传为美谈。“举案齐眉”的典故大家都知道，但这四个字中，“案”字的意思与现代汉语是有差别的。今天的“案”多半会联想到桌子的意思，然而，“案”如果是桌子的话，从常理的角度看，“举案齐眉”这个动作是有点太难为孟光这样的一个古代女子了。一日三餐都要把桌子举过头顶，让丈夫吃饭，于情于理都是不现实的。

从文字学的角度看，东汉许慎的《说文解字》中说：“案，从木安声。”可见，“案”是一个形声字，“安”是它的声部，“木”是它的形部，表明了它的意义与“木”有关。

在《史记·田叔列传》中，有这样的句子：“赵王张敖自持案进食。”可见，案是一种盛放食物的器具，通过专家的考证，确认是一种木制的盛食物的矮脚托盘。20世纪70年代初，湖南长沙马王堆出土了一件云纹漆案。这件食案，制作精美，色彩鲜艳，应是当时贵族高官家备用的高档餐具，同时也用实物印证了食案的存在。

古代的分餐制

在我国古代饮食的传统习俗中，一般是采用分餐制。古人用餐时，不像现在很多人围着一张桌子、在一些碗盘里共同吃饭，那时是每人一份。每份菜肴放在木质的托盘里面，端到每个人的席前。食案内所放盛菜的餐具，先秦时多用豆（类似于碗），到了汉时，豆已经不再使用了，多用盘。

古代的分食制度，是按照身份、地位、官职以及年龄不同，食物有多有少。尤其在正式的宴会上，不能有差错。正式宴会上，最高规格的食物数量是八豆（即八种食物）——类似于今天的八大碗，最少的三豆。古人对老人是比较尊重的，举行宴会时，60岁的老人按照规矩是三豆，每增10岁，就要多加一豆。90岁的老人可以享用到六豆的食物。

正式宴席上或平时用餐，上菜时，把盛菜的碗（豆或盘）、盛酒浆的杯（在规格比较高的宴会上会放两个杯，一个盛酒，另一个盛浆。浆是漱口用的）、盛酒的卮（酒壶）以及筷子等，都放在一个食案里，端到进餐的人面前。

古人一天吃几顿饭？

我们每天都要吃三顿饭，但是你知道古人每天吃几顿饭吗？

其实，在秦汉以前，古人是只吃两顿饭的。《墨子》中有一篇叫做《杂守》，其中就记载士兵们每天都吃两顿饭。《睡虎地秦简·仓》记载：秦时，筑城的士卒早饭供给半斗（秦时半斗约合现在的一升）粮食，晚饭为三分之一斗；站岗的士卒早晚饭都是供给三分之一斗。那时都是两餐。上午太阳升至东南方的时候吃早饭，当时叫做朝食或饔（音yōng），申时（相当于现在的下午四点左右）吃第二顿饭，叫做“飧（音sūn）”或者“餔（音bū）食”。

汉代以后，一日两餐逐渐演变为一日三餐或者四餐。同时，三餐也开始分为早饭、午饭和晚饭了。汉代的早餐称为寒具，在唐代，寒具有点心之称，因此，早饭被称为早点，沿用至今。午饭在古代被称为“中饭”或者“过中”。由此可见，一日三餐的习惯也是经历了漫长的演变过程的。

“五味俱全”分别指的是哪五种味道？

我们中国人很爱好美食。美食如果没有调味品恐怕再好吃的东西也让人没有胃口了，可见调味品是多么重要。那么我们常说的“五味俱全”究竟是哪五味呢？

说到“五味”，有一个人可是不得不提，这就是伊尹。这个人很有传奇色彩。他生活在夏末商初。据说伊尹生于伊水（在今河南境内）边，成年后开始流浪，后来流落到有莘氏，每天种地为生，但是他总想着能够有一天协助君王治理天下。传说，伊尹的父亲是个既能屠宰又善烹调的家用奴隶厨师，因此伊尹从小受到了烹调方面的熏陶。他卖身为奴成了莘国君的贴身厨师，计划劝说莘国君攻打夏国。但是后来他发

▲ 伊尹像

现莘国君与夏同姓，都是夏禹的后代，不可能兴兵灭夏。于是伊尹借着汤迎娶莘氏之女的机会，自愿作陪嫁媵臣，随同到商。来到商后，伊尹依旧做了汤的厨师。

渐渐地，商汤发现了伊尹的才能，提升他成为佐臣。于是，伊尹的机会来了。一天，伊尹以烹饪讲解政治，提出来著名的“三材五味”之说。

伊尹说：动物按照气味有三类：水里的味腥；食肉的动物味臊；吃草的动物味膻。虽然这些都不是美味，都是可以经过烹调变成美味的。味道的根本在于水。要靠酸、甜、苦、辣、咸“五味”，再加上水、木、火“三材”来烹制。鼎中的水多次沸腾，每次都会发生变化，火很关键，要靠文火或者武火来调节，灭腥去臊除膻。五味的用量、先后及组合也非常关键，用多用少用什么，全根据自己的口味来将这些调料调

▼ 枚父辛簋（商）

配在一起。鼎中的变化是非常精妙细微的，只可意会不可言传。如果要准确地把握食物的精微变化，还要考虑阴阳的转化和四季的影响。所以久放而不败，熟而不烂，甜而不过，酸而不烈，咸而不苦，辣而不过于刺激，淡却不寡薄，肥又不太腻，才是真正的美味啊！

这个“三材五味”的理论奠定了中国烹饪的基础。同时伊尹借势告诉商汤，治理国家也要满足五味俱全的和谐原则还必须扩大版图，灭夏是必须的。由此可见伊尹的巧妙，这样一个五味居然能够劝谏君王。那么，在古代究竟是用什么调节食物味道的呢？

古代的调味品远没有今天的这么丰富，我国最早的调味品其实只有酸味和咸味。今天我们说到酸味你会自然想到醋，但是最早是没有醋的，酸味来源于梅子。咸味来源于盐。正如《尚书》所说：“若作和羹，尔惟盐梅。”梅子的酸味可以去除鱼的腥膻之气，也可以让粗纤维的肉变软，同时可以帮助消化，促进食欲。醋的酿制应该是在春秋时期，那时叫做“醯”。调和甜味是饴和蜜，饴其实就是麦芽糖，蜜是蜂蜜。苦味的调节古今相差不大，都是用酒，只是今天用的是更高级的料酒罢了。古代的南方调苦味稍有不同，是用豆豉。古代的辣味来源于葱、姜、蒜、芥等天然辣味蔬菜。南方还有花椒。

如此看来，古代的美食可是远没有今天的可口。

饕餮现在被解释为“能吃的怪兽”，那么饕餮为什么和贪婪画上了等号呢？

“饕餮”是中国古代传说中的神兽，它最大特点就是能吃。它是一种想象中的神秘怪兽。这种怪兽没有身体是因为他太能吃，居然可以把自己的身体吃掉，只有一个大头和一个大嘴，十分贪吃，见到什么吃什么，由于吃得太多，最后被撑死。它是贪欲的象征，所以常用来形容贪食或贪婪的人。

“四体不勤，五谷不分”中的“五谷”是指哪些作物？稻子算不算五谷？

我们经常给那些不从事劳动、无所事事的人叫做“四体不勤，五谷不分”，那么有一个问题就是，究竟什么是五谷呢？为什么劳作和五谷有那么紧密的关系？

乍一被问到什么是“五谷”，或许很多人都会犯晕，我们常说的“五谷杂粮”不是就有五谷吗。《论语·微子》中有这么一句话：“四体不勤，五谷不分，孰为夫子？”这是中国最早的关于“五谷”一词的记录，在此前的一些著作中都只有“百谷”的说法，而无“五谷”之说。那么，五谷到底指的是什么呢？《论语》中并没有给我们答案，直到汉代开始，人们才开始讨论这个问题。

▼ 耕织图册页（清）

所谓五谷，指的就是五种谷物。在古代，关于五谷的说法有很多种，其中最为人们所熟知的说法有两种：

1.五谷指的是稻、黍、稷（粟）、麦、菽（豆类）；

2.五谷指的是麻、黍、稷、麦、菽。

这两种说法争议的焦点便是：五谷中到底有没有稻子？持两种不同观点的人纷纷拿出了自己的证据。

一些人从古代中国的经济

文化角度去考虑，认为稻子不该算在五谷之列。在古代，中国的经济文化中心一直在黄河流域，而稻子却大都只有南方才生产的，因此在当时提出的五谷中应该不含稻子。而且，《史记》和《淮南子》中都将五谷定义为：麻、黍、稷、麦、菽。

▲ 汉牛耕图画像石

另一种说法，则从食用价值上考虑，因此认为麻不该在五谷之列。持这种观点的人认为：虽然大麻子也可以食用，但毕竟不是它的主要作用，在古代麻的主要作用是用来织布的，所以它不在五谷之列。

“五谷”争论历来有之。2002年陕西省西安市南郊出土了一枚西汉宣帝时期的木牍。根据这枚木牍上记录的文字，人们得以知道当时的五谷指的是：粟、豆、麻、麦、稻。这与秦汉时代的《日书》（用于选时择日的书）记载一致。

其实，中国从很早的时候就开始发展农业，所谓的谷物远远不止五种，“百谷”“九谷”“六谷”等说法的存在就是一个很好的证明。人们推测，五谷之说的由来可能和五行思想有关。事实上，五谷就是古代很重要的粮食作物。

黍，就是今天北方的黍子，又叫黄米；稷，就是今天的小米。黍和稷的生长期都很短，而且具有很强的耐旱性，即使在贫瘠的土壤上也能生长。因此在古代很长的历史时期里，在北方旱地原始栽培的情况下，这两种作物都占有很重要的地位。

菽，豆类总称，因其“保岁易为”的特性渐渐开始被人们所重视，因此它也成了人们所不可缺少的食物。

还是在春秋战国时期，人们发现冬麦有耐寒的特性，可以在晚秋和早春比较寒冷的季节栽种。人们便用刚收割完的土地继续种植冬麦，对于当时粮食产量极低的社会来说，冬麦的作用是极其重要的。而且，这个时候有了石圆磨，人们可以将麦子磨成面粉，做成可口的食物。因此，麦子逐渐受到人们的重视。

在中国古代较早的时候，北方人口较多，而南方基本是一种“地广人稀”的情况，特别是麦子在北方大面积种植以后，北方的人口明显多于南方，所以这个时候虽然中国已经有水稻的种植了，但是它并未受到人们的重视，因此被排在五谷之外。然而，随着历史的发展，南方的人口逐渐多了起来，特别是唐宋以后，南方的人口密度反而大大超过了北方，这个时候种植水稻就得非常重要了。

黍、稷、麦、菽这四种都是种植得比较早的重要粮食作物，这四者也一直被公认为五谷之一。关于稻和麻这两种是否也属于五谷，至今人们也得不出一个明确的结论，但是有一点可以确认，稻和麻都是古代非常重要的生活原料，同时，五谷的概念可能随着地域、年代的不同有所区别。

延伸阅读

“稷”是五谷之一，为什么要用“社稷”来代表国家？

社和稷本来是两不相干的：社，古代指的是土地之神；稷，代表的是谷神，亦指农业之神。古代君主为了祈求国事太平，五谷丰收，每年都要祭祀土地之神和农业之神，于是渐渐地“社”和“稷”便合在一块说了，而且还成了国家的代称。班固整理编撰的《白虎通》中也有一篇关于社稷的论述，书里写着：“王者所以有社稷何？为天下求福报功。人非土不立，非谷不食。土地广博，不可遍敬也；五谷众多，不可一一祭也。故封土立社示有土尊；稷，五谷之长，故立稷而祭之也。”

在古代农耕社会里，粮食就是一个国家的生命所在，因此常常在打仗的时候，都是“兵马未动，粮草先行”。一个国家只有粮食获得丰收，才能维护国家的治安，百姓才能够安居乐业。

29 “觥筹交错”是说饮酒时的热闹场面，“觥”和“筹”分别是什么器具？

“觥筹交错”一词最早出现于宋代诗人欧阳修的《醉翁亭记》中，是说酒杯和酒筹交相错杂，形容饮宴喝酒时热闹非凡。

“觥”是古代的一种酒器，腹椭圆，上有提梁，底有圈足，兽头形盖，亦有整个酒器作兽形的，并附有小勺。中国古代随着酿酒业的发展，各种酒器也应运而生。“觥”是其中的一种。

古代的酒器根据用途的不同可分为：贮酒器、盛酒器和饮酒器三大类。不同历史时期的酒器也有所不同，比较远古的时候，人们用的酒器还是比较简单的，有：罐、瓮、盂、碗、杯，随着时代的发展，酒器的种类也越来越多。总的说来，中国古代常见的酒器有：尊、壶、卣、彝、罍、缶、卮、瓿、盉、斝、爵、角、觯、觚、斛、觥、杯、舟等，其中斝、爵、角、觯、觚、斛、觥、杯、舟为饮酒器。

▲ 鎏金龟玉烛银酒筹（唐代）

筹指的是行酒令的筹码，古代诗文中经常出现。例如，晋代嵇含的《南方草木状·越王竹》：“越王竹，根生石上，若细荻，高尺馀，南海有之。南人爱其青色，用为酒筹云。”唐代白居易《同李十一醉忆元九》诗：“花时同醉破春愁，醉折花枝当酒筹。”

酒令是酒与游戏的结合物。比如春秋战国时期的投壶游戏，秦汉之间的“即席唱和”等都是一种酒令。但是当酒令发展成一种带有强制性与约束性的游戏后，就变为既轻松又严肃的一种文化现象了。西汉时吕后曾大宴群臣，命刘章为监酒令，席间，吕氏族人有逃席者，居然被刘章挥剑斩首。此即为“酒令如军令”的由来。唐宋是中国古代最会玩的朝代，酒令当然也丰富多彩。白居易便有“筹插红螺碗，觥飞白玉卮”之咏。酒令在明清两代更步上层楼，发展到了五花八门、琳琅满目。清代俞敦培将酒令分为四类：占令、雅令，通令、筹令，筹令是酒令中的重头戏。

筹令，顾名思义，行酒令时必用筹子。筹本是古代的算具。古代没有计算器，一般用竹木削制成筹来进行运算，因此筹引申为筹谋、筹划。《汉书.高帝记》记刘邦对张良的评价时说“夫运筹帷幄之中，决胜于千里之外，吾不如子房。”现在把军事指挥在室内制订作战计划，即称为运筹帷幄。从唐代开始，筹子在饮酒中就有了两种不同的用法：其一，仍用以记数：白居易诗“醉折花枝作酒筹”中的”酒筹”即为此类，这种意义下的筹在后代酒令游戏中仍可见到，作用是以筹计数，后再按所得的筹的数量行酒。

另一种就比较复杂了，人不满足于筹子的原始用法，而把它变化成了一种行令的工具。筹的制法也复杂化，在用银、象牙、兽骨、竹、木等材料制成的筹子上刻写各种令约和酒约。行令时合席按顺序摇筒掣筹，再按筹中规定的令约、酒约行令饮酒。据考，唐代的《论语》酒筹是目前所知的最早的一种筹令。

▼ 龙纹铜觥（商）

筹令的包容量很大，长短不拘。大型筹令动辄有八十筹，而且令中含令，令中行令。

筹令因有这样的特点，才有能力从长篇巨

作的戏剧《西厢记》及《水浒传》《聊斋志异》《红楼梦》等小说中取材，也才能有包容像《易经》的“六十四卦”等具丰富内涵的文化现象。

酒筹文化是中国传统文化的一部分，但也是一种特殊的文化现象。不能设想，在高节奏运转的现代化生活的今天，再有几个年轻人慢腾腾地坐在快餐店里玩《红楼梦》等内容酒筹。但是酒筹作为一种传统文化，它仍然是我们老祖宗留下的一份宝贵财产，除了有一定的文化研究价值外，在某种特定的适当场合也还有一定的文明作用。比如，无论如何、总比什么“感情深，一口闷”式的蛮喝，“哥俩好哇，五魁首哇”地俗喝要好一些。因为“附庸风雅”总比“附庸粗俗”要有品位。而“附庸风雅”本来也不是个贬义词。

为什么参加婚礼常说成是“喝喜酒”？

中国的酒文化源远流长，中国关于酒的来源有两种说法，一种说法认为夏禹时候的仪狄是造酒的鼻祖，另一种说法认为周朝的杜康才是造酒的祖师爷。这个虽是无法考证的，但起码说明酒文化的历史悠久。

酒文化和中华传统习俗是紧密联系在一起的，如同“女儿红”“状元红”是庆祝结婚或者及第之喜一样，酒和中国人的婚丧嫁娶仪式密不可分。

古人有一句话叫“无酒不成礼”。这个意思是说古人是把酒和礼仪联系在一起的。比如小孩出生，那要办“满月酒”，结婚要喝“喜酒”，一般不会说“满月饭”“喜饭”，在中国这样一个“民以食为天”的国度，酒居然有时超越了吃饭的地位。

拿婚姻为例，从男方和女方定亲开始，几乎每个环节都离不开酒。男女双方确立婚姻关系叫做“定婚”，汉族的风俗一般是男方向女方送聘礼，除了衣服、食物外，一坛陈年佳酿是必不可少的。这个习俗可不只是民间才有，据说末代皇帝溥仪定婚送了40坛花雕酒。结婚时酒席上的酒自不必说了，履行完婚礼的新人进入洞房，还有一项重要仪式——喝交杯酒。古代给这种仪式叫“合卺”(卺的意思本来是一个瓠分成两个瓢)，增进新人的了解。婚后三天，要到女方家，称为“回门”，这酒席要和结婚那天是一样的隆重。

这人生大事和酒的关系远远不止这些，酒文化在中国的深厚可见一斑了。

30 为什么被人拒之门外被说成是吃了“闭门羹”？

唐朝的时候，风气很开放，歌姬行业也很兴盛，很多大才女就是在青楼中走红。男子们慕名而来，希望一睹名妓的风采，欣赏她们无双的才艺。

安徽宣城内，就有这样一名女子，她叫史凤。史凤不但人长得漂亮，才艺也出类拔萃，琴棋书画没有她不精通的。就因为如此，很多男子会不远万里前来与她相会。

▼兽面纹鼎（商后期）

一时间，史凤的门前可谓门庭若市。面对应接不暇的约见，史凤订下了一个规矩，前来拜见她的人，都要在门前献诗一首。

史凤看过诗后，如果觉得写得行，够情调，够浪漫，就会把来人请进来。然后弹琴还是下棋，饮酒还是谈心，就可以听从来客的意见了。

可是，如果她觉得这诗写得很差，就会让人为门前的人端上一碗羹。客人不明白，就问是怎么回事。史凤的侍女就会说，小姐看您舟车劳顿，请您喝碗回头羹。客人哪会不明白，史凤这是拒客的意思啊。

后来这事就传开了。大家

▲ 唐宴乐图

都知道了史夙的规矩，每当门前摆出羹的时候，前来拜访的客人，就会知趣的告辞离去。

在史夙之后，以羹来待客，就表示拒绝会见客人的意思。史夙的羹便称为“闭门羹”了，而“闭门羹”也成了拒客的代名词。其中只取“闭门”拒客之意，同“羹”联系起来，就是无羹招待的意思。

延伸阅读

为什么说“治大国若烹小鲜”？

在中国饮食中，汤羹有着极其悠久的历史，更是最为普遍的食馔。这闭门谢客的规矩之所以选择用羹汤，想必和中国悠久的汤羹饮食文化是不无关系的。

在古代的烹饪中，汤羹有着独特的位置。为什么这样说呢？你看我们现代人煮汤，都是用锅。而古人烹汤做羹，用的却是“鼎”。古代人在这么一口“大锅”里，可以放任何佐料。你可以把整只鸡放在里面来熬鸡汤，也可以拿几十条大鱼，将其一同放进大鼎里来熬鱼汤。“调鼎”烹鲜，更成了古代大厨的绝活。

在商代，有个大臣叫伊尹，他曾对商汤王说“负鼎俎，以滋味说汤，致于王道”。伊尹的这个意思，就是调鼎做羹这事，跟治理国家一样。治理国家的最高境界，就是要小心翼翼地掌握住火候。做羹的火候把握好了，羹自然鲜美可口，国家的火候把握对了，国家自然稳步前进。老子更有“治大国若烹小鲜”的名句，道理都是一样的。

中国的古人善做“大羹”。其实，它就是不加调料的肉汁。《周礼·天官》就说过，“祭祀共大羹，宾客亦如之”。意思就是，这大羹是祭祀时的祭品，是招待神明用的，但同样也是款待宾客用的。因此在古代，大羹是尊贵的象征。别人若用大羹招待你，那你要知道，此时自己已被视作贵宾了。

美味的羹，不仅被当做了一种美食，更蕴含了多种文化内涵。羹在烹饪园地里，大放异彩的同时更成了文人抒怀的对象。比如说，一直以来，江东的百姓喜欢吃莼羹。而当时有很多北漂的诗人，他们看见莼羹时，就不禁发出感慨，便有了“可怜一箸秋风味，错被旁人苦未参”的名句。吃羹，更演变成了江南人怀念家乡、不求功名的寄托了。

31 “脍炙人口”中的“脍”和“炙”到底说的是什么？

春秋时期的孔子，收了很多弟子，其中就有一对父子，叫曾皙和曾参。曾参是孔子最出色的弟子之一，而且为人忠厚孝顺。他的父亲生前很爱吃羊枣，而在他父亲过世后，他就再不吃羊枣，因为每当拿起羊枣时，他就会想起他的父亲。

到了战国时期，公孙丑对这件事很不理解。公孙丑是著名辩论家孟子的学生，他向孟子请教，问羊枣和脍炙，到底哪一个更好吃。孟子说当然是脍炙了，没有谁不爱吃它的啊。

公孙丑又问道：春秋的曾皙和曾参父子都是喜欢吃脍炙的，但是在曾皙过世后，为什么曾参不把吃脍炙的习惯戒掉，反而戒吃不可口的羊枣。

▲三圣图（曾参、孔子、颜回）

孟子于是对公孙说：脍炙这东西，大家都很爱吃。羊枣的味道虽然不如脍炙，但却是曾皙最爱吃的食物，所以曾参要戒吃羊枣。这就像，我们叫长辈时最忌讳直呼长辈的名字，却不忌讳称他们的姓氏。道理都是一样的。

我们不知道公孙丑是不是真明白孟子的话。但从孟子的话中，我们能知道当时人们喜欢吃脍炙，是当成美味佳肴看待的。

脍炙，是古代很流行的一种烹调技术。“炙”的下边是个火字，上面的字在《说文解字》里称作“肉”，“炙”用火来烹肉，其实就是烤肉。当然这种烤肉，与现在的韩国烧烤是两回事。而“脍”，是做“炙”的一种方法，即用细刀切，把瘦肉和肥肉分开，正所谓“食不厌精，脍不厌细”。“脍”反映出了古人精湛的刀工，然而它详细的做法，已经失传了。

古代做烤肉的方法有很多种。像《释名》中就记载着，有釜炙、貊

▼ 蒙式烤羊腿

炙、脍炙、陷炙和脯炙几种。按现在的理解，釜炙就相当于用锅烤肉；貊炙，是少数民族的烤肉方法；脍炙，就相当于现在的烤羊肉串，但肉切得很细，有些像烤肉丝了；脯炙，是烤胸脯肉，像烤鸭胸之类的。做“炙”的工艺如此繁多，可见古人对烤肉这种吃法是情有独钟的。

延伸阅读

“炙手可热”形容一个人权势大，它有什么来历？

“炙手可热”的意思是比喻气焰盛，权威大。炙是烤的意思。从字面意思看，是说手一靠近就觉得热得烫人。这个词来源于唐代大诗人杜甫的《丽人行》：“炙手可热势绝伦，慎莫近前丞相嗔！”这里面还有一个故事。

唐玄宗李隆基年任用姚崇、宋璟为丞相，整顿弊攻，社会经济得到很大发展，创造了可以和唐太宗“贞观之治”相提并论的“开元盛世”。但是，唐玄宗后来却任用了李林甫为丞相，政治开始腐败。天宝四年(745年)，他封杨玉环为贵妃，此后便纵情声色，奢侈荒淫，政治越来越腐败了。

杨贵妃有个堂兄叫杨钊。由于杨贵妃得宠，杨钊也平步青云，做了御史，唐玄宗还赐名“国忠”。不久，李林甫死了，唐玄宗便任命杨国忠做丞相，把朝廷政事全部交给杨国忠处理。一时之间，杨家兄妹权势熏天，他们结党营私，把整个朝廷搞得乌烟瘴气，以致爆发了安禄山、史思明的叛乱。当时，杨家兄妹过着花天酒地、穷奢极欲的生活。公元753年三月三日，杨贵妃等到曲江江边游春野宴，轰动一时。

诗人杜甫对杨家兄妹这种只顾自己享乐、不管人民死活的行为极为愤慨，写出了著名的《丽人行》，大胆揭露和深刻讽刺了杨家兄妹生活的奢侈和权势的煊赫。“炙手可热势绝伦，慎莫近前丞相嗔”，便是诗中的两句，意思是：杨家权重位高，势焰灼人，没有人能与之相比；你千万不要走近前去，以免惹得丞相发怒生气。

32 “吃醋”是怎么与嫉妒扯上关系的？

醋，是厨房必备的调味品，是五味之一。但是人们往往在男女恋爱中为争夺私情而发生不愉快时，就说对方是在“吃醋”。然而“吃醋”和嫉妒有什么关系，它们之间为什么会画上等号呢？这个传说发生在唐太宗年间。

相传，唐太宗还是秦王的时候，手下已经招揽了众多的人才，其中文臣有著名的“十八学士”，房玄龄便是其中之一。他为了秦王东征西讨，积极谋定大策，然后又助秦王称帝，在“玄武门之变”中立下了赫赫功绩，最终成了开邦定鼎的功臣。

▼ 房玄龄像

虽然是功臣，但他从不居功自傲，房家更是清贫。唐太宗很想赠给他一些东西。但他也知道房玄龄不贪财宝、不恋权位。思考良久，最后决定从储秀宫选几个美人，挑出来赏赐房玄龄。因为自古以来，赏赐宫女给大臣，被视为莫大殊荣。

没想到，没过多久，几名宫女竟被退回来了。太宗大怒，一听禀报才知道，原来是房玄龄的夫人卢氏要求这么做的。于是太宗就把房玄龄和卢氏都召进了宫里。

太宗跟卢氏讲，如果你不答应房玄龄纳妾，那么很好办，我赐你一壶“毒酒”自尽。如果你害怕的话，你就答应这个亲事。

房玄龄还没说话，卢氏面无惧色，上前就把“毒酒”给喝了。结果发现这哪是什么毒酒，而是一瓶醋，这只是太宗开得一个玩笑。太宗一看，不怪房玄龄不敢纳妾，就连自己也怕了性格刚烈的卢氏。于是收回了刚才的旨意。从此“吃醋”就成了嫉妒的代名词。而房玄龄“千古风流一坛醋”的故事从此便流传下来。

在中国饮食史上，醋的历史非常悠久。“茶米油盐酱醋茶”，寻常百姓过日子都离不开。醋更是重要的调味品。《尚书 · 说命》中就记载着，商王武丁曾对宰相傅说讲，如果要做调制汤羹，那一定要放盐和梅子。武丁是不是做过饭我们不知道，但这个商王知道调羹时，是一定要放咸的和酸的来调和汤羹。想必当时盐已经存在，而醋却没有产生，人们调和酸味是用梅子的。

到了汉代，在应劭的《风俗通义》上出现了一个叫“醯”的东西。这个“醯”是酸的，用来调味的物品。许慎的《说文解字》上：“醯，

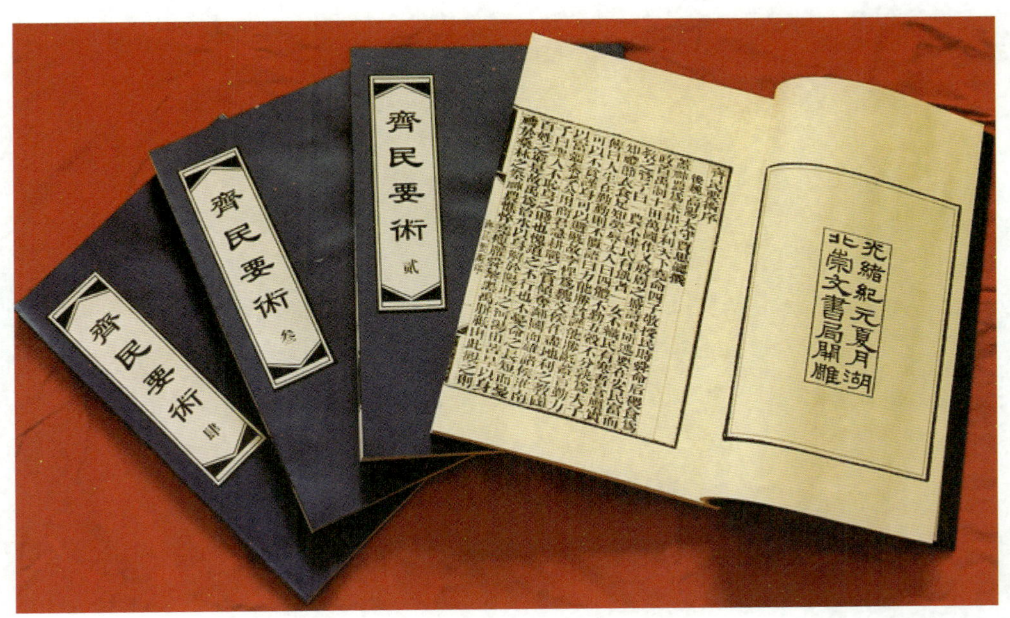

▲ 齐民要术

酢也”。再查《酉阳杂俎》中又有“酢，醋也”。转了一圈，原来“醋”早在汉代就已经出现了。

东汉的《四民月令》中便记载着，人们到了四月立夏之后，便可以做醋。但具体的做法没有提及。后来在魏晋时期的画像砖上，我们发现了“滤醋图”。图上有一根横导管，上面架着三口小锅，下面是两口带草药的小锅，左下方是一个斜导管，用来导出过滤醋。具体的做法失传了，但这个记载反映了古代人民的智慧。之后在南北朝时期，农学家贾思勰的《齐民要术》上更是提到了22种制醋法。

古代历史上，中国更是做出了誉满天下的名醋。像在唐代乌镇出现的“桃花醋”，现在的米醋。它一般是在醋里加上桃花瓣，发酵而成的。花瓣经过发酵，慢慢失去粉红色，而醋却变成了桃红色。只可惜“桃花醋”具体的做法也已经失传。

“半瓶醋”和“半吊子”是什么意思?

“半瓶醋”出自元杂剧《司马相如题桥记》，剧中说：“如今那街上常人，粗读几句书，咬文嚼字，人叫他做半瓶醋。”清代《石头记》六十四回中有：“又有一等半瓶醋的读书人。”由此可见“半瓶醋”就是“一瓶子不满，半瓶子晃荡”，比喻一知半解却好人前卖弄，也叫“半吊子”。那什么是“半吊子”呢？古人通用的货币都是银子和铜钱，吃饭结账时，交出几钱银子，肯定是不需要过秤的。古人吃饭时，为了付钱方便，便用绳子把钱串起来。一串是一吊，一吊钱一千个铜钱，那五百钱就是“半吊子”。用半吊却不够一吊的数，来形容知识不丰富或技术不熟练的人。

“吃豆腐”为什么和占女人的便宜联系在了一起？

相传西汉淮南王刘安，为了追求长生，无意中提炼出了豆腐。很快，这个东西，便在京城长安流传开来，很多人都被它鲜美的味道所吸引。大街小巷做豆腐生意的，越来越多。

而在这些做豆腐的人中，很多都是夫妻店。男的晚上磨豆子，做豆腐，而女的则负责卖豆腐。老板娘常以豆腐为食，个个出落得跟豆腐一样，水嫩可人。每当老板娘往台前一站，就会有男子借买豆腐为名前来搭讪。

▲《炼丹图》

卖豆腐的，本该规规矩矩的做生意，但个别的老板娘却借势搔首弄姿，即便别人占她便宜，她也没有怨言。慢慢地，“吃豆腐”的事情就传开了老板娘。卖豆腐的，也被称作了“豆腐西施”。很多男子买豆腐回家后，家中的妻子都会很凶地问，是不是又“吃豆腐”去了。一来二去，“吃豆腐”成了占女子便宜的代名词。

据史料记载，豆腐的制造技术是由中国发明的。在朱熹的《素食论》和李时珍的《本草纲目》中，也都把刘安当成了做豆腐的祖师爷。相传当年刘安在八公山，他希望得道升仙，于是采用各种方法炼丹。这一天，他把黄豆和卤盐混合炼丹，最终炼得一物，此物白得如同纯白无瑕的美玉，外表洁白滑泽，细得就像凝固的油脂。有胆大的人吃了这个东西，觉得美味怡人，于是称作“豆腐”。八公山也因此得名“豆腐之乡”。

▼ 朱元璋像

有关豆腐的详细制作技术，是北宋的时候出现的。最初做豆腐，主要依靠的是把豆浆煮沸，然后捞出沉淀物，沉淀生成豆腐。后来随着技术的进步，人们往豆腐里加了凝固剂，诸如卤汁、酸醋之类的东西，使豆浆胶溶，豆浆在很短时间内变成胶状，而变成凝固状态的凝胶，挤去水后，便成了豆腐。

中国古人有几个会“吃豆腐”的典型。像朱元璋就是一例。相传，朱元璋在开国后，不忘以前的苦日子，所以成为一国之君后，他每日的饮食，仍与以前一样节省——每餐吃豆腐。但他毕竟是皇帝，不能随便就弄个什么炖豆腐、蒸豆腐之类的。况且朱元璋的脾气喜怒无常，虽然是做豆腐，但只要他不满意，这个厨子恐怕就死定了。后来，有个挺聪明的厨子，每顿饭都是豆腐，却做出了新意。像蒸熊掌，用的是豆腐的原料，但让皇帝吃起来，就跟真正的熊掌一样。后来形成了传统，历代大明皇帝每一餐唯一不能少的食物，那就是豆腐。

为什么占小便宜称作“揩油”？

“揩油”是上海有些人典型的贪小心态，因而上海人习惯讲“有揩不揩猪头三”。

从前，徽州有个财主，富有而吝啬，他好面子，明明每天吃的是没有油水的青菜豆腐，却每每饭后揩一点猪油抹在嘴角上，油光光站在大门口，见人就说：“我家今天吃猪油炖酱肉。”这就是揩油的祖师爷。

油比较黏，与其他东西接触，总是被揩了些去，鲁迅先生曾经对上海话“揩油”做出这样的描述：“装满油的柏油桶，难免会渗油，有人若想要一张油纸引火，只要用普通纸在柏油桶上揩两下就成了，而不论用肉眼还是以磅秤过磅，油桶内的油都丝毫不会减少。”最早的“揩油”也多是在风月场所，男人对女人做出的轻佻行为，因此常用“揩油”比喻指爱占小便宜的行为。

"珍馐美味"中的"馐""美"字为什么都与"羊"有关？

在古代肉食中，羊肉可是有重要地位的，甚至帝王宴请大臣也少不了它。

战国时期，中山国君宴请群臣，请大臣们吃汤羹，这种汤羹就是羊肉羹，当然里面还有其他辅料的。分着分着，恰巧到了大将司马子期这儿，羊羹没有了。自恃战功赫赫的司马子期非常生气，一怒之下跑到了楚国。他建议楚王攻打中山国。这一下，中山国可遭殃了——小小的中山国怎么是强大的楚国的对手。

中山国的国君落荒而逃，此时他突然发现他身边多了两个武士，他便问："你们是干什么的？"两人回答说："有一次，我们的父亲饿得快要死了，您赏了一壶熟食给他吃。他临死时说：'中山君有了危难，

▼ 羊尊酒肆画像砖（东汉）

▲ 羊肉泡馍

你们一定要誓死为他效力。’所以特来追随您。”中山君仰天长叹，说：“施与不在多少，在于正当人家困难的时候；仇怨不在深浅，在于是否伤了人家的心。我因为一杯羊羹亡国，因为一壶熟食得到两个勇士。”

据说司马子期没有吃到的那种羊羹似类于现在的西安羊肉泡馍。从这个故事中可以看到，羊羹一定是当时的美食，否则不会成为帝王的赏赐，也不会招致司马子期那么大的怨气。那么古人为何对羊肉如此独钟呢？

“珍馐美味”中的“馐”“美”都属于汉字造字法中的会意字。“馐”是从“羞”字演变而来的，“羞”由“羊”和“丑”构成，而“丑”为“手”的讹变，“羞”之意便是“以手持羊”，表示进献之意。“馐”又和“羞”一样的意思，同时也指美味。“美”是由“羊”

和“大”构成的，“大”表示肥壮，因此“美”的最初含义是指肥壮的羊吃起来很美味。同时《说文解字》中也说“羊，祥也。”由此可见，羊被赋予了吉祥的寓意，足见古人对它的喜爱。正是因为有了这样美好又美味的内在因素，羊肉成了古人之宠。

再有中国从很早就已经开始畜养羊了。羊是“五畜”之一，而且成为祭祀的必备之物。祭祀的时候，供品被叫做“三牲”，即猪、牛、羊。祭祀时，三牲齐备为“太牢”；只用猪和羊为“少牢”。在古时候，牛是用来耕地的，比较珍贵，因此不经常用来祭祀，更不用说是用来吃了。当时，比较普遍的肉食应该是羊肉，就算是普通人家也可以享受到这种美味，难怪人们公认的美味都和羊有关系了。

延伸阅读

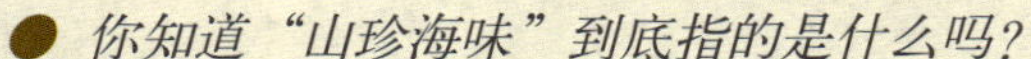

“山珍海味”常被我们用来指代美食，但是究竟什么是山珍、海味呢？其实“山珍海味”指的是山野和海洋的名贵稀有的食品，它们大多都是食物中的奢侈品。它一般分为上八珍、中八珍和下八珍。其中，上八珍包括皂脯、猴头、猩唇、燕窝、驼峰、熊掌、鹿筋和黄唇胶；中八珍包括鱼唇、鱼翅、鲥鱼、银耳、广肚、哈什蚂和果子狸；下八珍包括干贝、蛎黄、海参、赤磷鱼、乌鱼蛋、川竹笋、龙须菜和大口蘑。

“画饼充饥”和“望梅止渴”意思差不多，为什么一定要“画饼”？

饼是古代老百姓的主要食物之一，当然各个时代对饼的叫法是不一样的。例如在老北京的街巷中，有蒸锅铺。蒸锅铺中，蒸饼可是四季必备的品种。所谓“柔软甘香真适口，盘中叠得一层层”说的便是蒸饼。然而，蒸饼是我们平日吃的大饼吗？大饼为什么还要蒸呢？

西晋的时候，蒸饼就已经出现了。

何曾是三国时期魏国的丞相，曾帮助司马炎称帝，因此在西晋时，他已官至太保兼司徒。由于何曾功劳太大，晋武帝都要给他几分面子。

何曾平日的生活非常奢侈。比如他睡觉的帷帐，都要镶着金边；日常穿的衣服，都要光鲜亮丽；出门乘的马车，一定要配有金鞍玉蹬。所有的一切都是异常的奢华。就连吃饭也与众人不同，他的厨师烹制要选用高档材料，烹调出的美食，甚至比皇宫里的还要美味可口。

有一次，皇帝大宴重臣。何曾看了看端上来的食物，就对皇上说，自己不想吃这样不合口的东西。换了别人，皇帝早就把他杀了，可眼前的是开国重臣何曾，几朝的元老。所以皇帝准许何曾以后可以自带饭菜。

▲ 郝氏樽（东汉）

何曾很喜欢吃面食，他经常把蒸饼带进皇宫。在宴席上，为了显示他的特殊地位，他要求蒸饼必须蒸出十字，类似于现在说的开花馒头。没有这十字裂痕的蒸饼，何曾不吃。

如此奢豪无度的重臣，却把蒸饼当做最爱。因而当时很多贵族都跟着仿效。

那么，蒸饼究竟是什么食物呢，会博得何曾的厚爱？它是我们今天吃的烙饼吗？

何曾所吃的“蒸饼”，跟我们现在的“大饼”不是一回事。“蒸饼”其实是我们最常见的馒头。前面提到的蒸锅铺也就是现在的馒头店，“大饼”则是用面粉烙成的大张饼，在有些方言里它也被称作“烧饼”。这里的“馒头”“烧饼”，在中国古代都是有馅儿的面食。古代的“馒头”虽然也是用面粉发酵蒸成的，但馅儿是必不可少的，虽然叫做蒸饼，却根本不是现代意义上的“饼”。

根据资料记载，汉代以前真正意义上的面食几乎没有。说到馒头，

▼ 东汉墓室壁画

大约是从东汉发端的。馒头的出现受到了很多条件的限制，第一是面粉的加工，小麦必须借助一定的工具才能成为面粉，这是做馒头的基础；第二是蒸煮技术，蒸锅、笼屉这些都要具备；第三，也是最重要的条件是发酵技术，古代的人很早就开始磨面粉了，蒸煮技术也有了，但是就是因为不会发酵，所以只能把面粉炒成干粮吃，这个干粮不好消化，味道也不好。到了东汉时，人们掌握了酵母菌在一定温度条件下可以使面变得蓬松的技术，馒头也就出现了。萧子显在《齐书》中说，西晋永平九年，也就是公元299年，西晋规定太庙祭祀时必须使用“面起饼”，也就是用发酵技术做出的面食，由此看来，那时的发酵技术还是处在一个被限制的阶段，估计普通百姓还难以使用。

我们司空见惯的馒头，居然有如此丰富的历史，想必是很多人的都没想到的吧。

● 古代的汤饼是什么？

古代的面条不叫面条，而叫“汤饼”“不托”“饦饦”等。宋代以前，汤饼实际是一种“片儿汤”，由于面片用手撕，不是用刀切。为什么又叫“不托”呢?因为汤饼先前又叫“托”，即做汤饼时用一只手托着和好的面，另一只手往锅里撕，所以叫“托”或“饦”。后来改用刀切，不用手托，故又叫“不托”或“饦饦”了。切成细条的汤面，五代以后才出现，称为“索面”或“湿面”，这已是名副其实的面条了，到了元代，人们已将面条加工成“挂面”了。

● 为什么说“挂羊头卖狗肉”？可不可以说“挂牛头卖马肉”？

如今，人们把名不副实的事情叫做“挂羊头卖狗肉”，这句话最早出自宋代释普济的《五灯会元》：“悬羊头，卖狗肉，坏后进，初几灭。”其实羊肉在古代是很重要的肉食，羊大为美，人们是把羊比作美好事物的，而狗肉却是低等级事物的代表，因此才会有这样的说法。类似含义的话早在《晏子春秋·内篇·杂下第六》就出现过，那时叫“挂牛头、卖马肉”意思是一样的，牛是五畜之一，在古代十分珍贵，而马肉略逊，因而意思和“挂羊头卖狗肉”是一样的。

“僧多粥少”比喻人多东西少，那么“粥”和僧人真的有关系吗？

据说在释迦牟尼成佛之前，曾经修苦行多年，饿得骨瘦如柴，决定不再苦行。这时遇见一个牧女，送给他乳糜（即奶粥）吃。他吃了乳糜，恢复了体力，便端坐在菩提树下入定，在十二月初八这天成道。夏历以十二月为腊月，所以十二月八日称作腊八。佛教传入我国后，汉族地区将这一天作为释迦牟尼的成道日，于是腊八成了佛教节日。各地兴建寺院，煮粥敬佛的活动也随之盛行起来，尤其是到了腊月初八，祭祀释迦牟尼修行成道之日，各寺院都要举行诵经活动，并效法佛成道前牧女献乳糜的传说故事，用香谷和果实等熬粥供佛，名为腊八粥。这便是腊八粥的来历。《百丈清规》说：“腊月八日，恭遇本师释迦如来大和尚成道之辰，率比丘众，严备香花灯烛茶果珍馐，以申供养。”

▼明代丁云鹏《释迦牟尼图》

在民间，每到腊八这

一天，常常会准备一顿别具风味的粥。这种粥是用五谷杂粮掺入花生、栗子、红枣、核桃仁、杏仁，用微火煮熟炖烂，再添加红糖，做成八色香粥，也称之为“腊八粥”。粥煮成之后，先要盛上几碗，放置于庭院天井、碾磨盘上、牛马羊猪圈的门上，以表示同庆丰收、迎吉祥之意。民间的这些“腊八粥”习俗与佛教没有关系。

通过佛教和民间的这些活动我们可以知道，中国古代是有喝粥的习俗的，而粥在中国古代更是有着独特的功能，大体上有三种：一是家贫食粥，二是荒年赈灾发粥，三是贵族养生吃粥。

首先，粥是古代寒门的必备食物。由于家贫，寒门被迫把不多的米分开食用，因此做粥便成了首选。北宋著名的政治家范仲淹，小的时候家里很穷，范仲淹常常做粥。冬天的时候，范仲淹会把粥冻上，然后切成小块，分餐食用。可见寒门分粥而食，便成了度日的一种无奈之举。就连清代大诗人赵翼也说：“一升可做二升用，两日堪为六日粮”。吃粥在古代成了贫寒的象征。

粥同时也成了荒年赈灾的首选食物。凡是遇上荒年，好心的大户都会做善举，开仓放粮。而他们大部分都会选择施粥，一来可以拯救更多的灾民，二来施粥能节省开销，三来粥有润津助消化的功效。

与此同时，对于贵族大户而言，粥不仅可以用于赈灾，同时也是居家养生的

▲ 腊八粥

首选佳肴。为了与寒门的粥有所区别，他们会为这些粥取各种名字，像神仙粥、梅花粥、烧鸭粥、鱼生粥，听得都让人流口水。像较为著名的“神仙粥”，它就是由把山药、鸡头实放进粳米熬成的粥。“神仙粥”中有多味中草药，它能补虚劳、益气、壮阳，更能治疗多种疾病，被贵族视为养生的极品。

随着生活质量的提高，食粥已经不再是寒门的象征，人们常常把粥作为一种“药膳”，来调剂人们的身体。

延伸阅读

● “民以食为天”这句话源自何时，又为何人所说的？

“民以食为天”出自《汉书·郦食其传》“王者以民为天，而民以食为天”。

郦食其为秦末汉初人，曾帮助刘邦智取陈留。楚汉相争之时，刘邦联合各反楚力量据守荥阳、成皋。在项羽的猛烈攻打之下，刘邦决定后撤，让出成皋以东地区，但他又拿不定主意，因此想听听郦食其的看法。

当时，荥阳西北的敖山上有个小城，城内有很多的粮仓，因此可以说该城就是当时关东最大的一个粮库，大家都称其为敖仓。因此，郦食其便对刘邦说：“王者以民为天，而民以食为天。楚军不懂这个道理，弃粟仓而东去，这可是上天给我们的机会呀。如果我们放弃成皋，把如此重要的粮仓送给对方，这对我们更加不利。我们倒不如迅速组织兵力，固守敖仓，这样我们才有机会反击。”刘邦于是接受了郦食其的建议，最终取得了胜利。

37 为什么古时候曾经把“茶”写成“荼”？

茶文化的历史可以追溯到先秦时期，但那个时代人们却把茶叫做“荼”，这是为什么呢，是古代人写错了字吗？这其中的道理还要从“荼”说起。

提道“荼”这个名称，就要回到周武王兴兵伐纣王的时候。

大约是公元前1046年，周文王病逝，武王即位。

武王要兴兵灭商，却不了解诸侯们的心思——灭商是需要大家齐心协力的。于是武王想到一个主意——盟津会兵。他传令各诸侯国，让大家到盟津渡口，来进行军事演习。

武王目的很明显，自己刚刚即位，试试诸侯国能否对自己真心臣服。如果诸侯不服的话，他便会暂缓进攻商朝，转过头消灭不愿臣服的小国。

盟津演兵的当天，足足来了八百个诸侯。当武王查点各诸侯时，发现巴蜀诸侯并未现身，于是颇为生气，准备兴兵进攻巴蜀。

武王只是虚张声势，没过多久，巴蜀诸侯自己就带着贡品向武王表示臣服。

西周很富有，什么金银财宝武王都见

▲ 茶籝及附件（清）

过。但这次巴蜀诸侯却没有进献金银玉帛，贡品反而是一些不太起眼的东西，这其中就有“荼”。

当武王喝过用“荼”浸泡过的水后，整个人顿时神清气爽。晚上处理政务，到深夜他也不觉得困倦。更为神奇的是，武王虽然经常熬夜，但当处理大事之时，仍能使头脑保持高度清醒。武王因而不计巴蜀前嫌，同时喜爱上饮“荼”。

这件事是在《华阳国志》上提到的。后来“荼”逐渐成了贵族们用以提神的饮品，据考证几千年前的“荼”就是我们现在最熟悉不过的“茶”。

▼ 品茶图轴（明）

茶最早是被我们的祖先当做药材使用的，因而称为“苦茶”。“苦茶”可以治病，同时还可以清热解渴，逐渐过渡为日常饮料。这个时间大概在西汉。三国时期，江南一带的饮茶已成习惯。魏晋南北朝，文人士大夫喝茶已成一种风尚，同时除了对酒酬答之外，相聚饮茶成了一件很时髦的事情。这种风气在唐朝达到了空前的高潮，因而唐朝的茶馆非常多。一些贵族的家里居然有了专门的茶库，用来储存茶叶。到了唐代贞元九年（793年），政府开始征收茶税。在这样的大背景下，《茶经》这样的著作才应运而生。

唐代“茶圣”陆羽的《茶经》，最终把“荼”改称为“茶”。通过观察“茶”字，可以看出，上面是“艹”，表明“茶”的枝芽是呈草状的。中间是人字，表明它有树冠一样的东西，来连接枝芽。下面是木字，准确表明了它本身就是木本植物。很明显“茶”是从草从木的木本植物，表意确切。

到了宋代，我国的茶叶已经有数十个品种了，由此可见种茶、采茶、制茶技术都已经非常完备。元明清时期直到今天，喝茶习惯依旧如此。

在茶叶的喝法上我们的祖先喝茶和今天是有一些区别的，唐朝以前喝茶都是要把茶叶碾碎，加上调料煮出来喝，这样的茶工序复杂而味道不是很好，唐宋时期对前代工艺进行了改进，直到元代发明了冲泡方法，沿用至今。

古时候的人们夏天能喝到冷饮吗？

现今，每当炎炎夏日来临的时候，人们都喜欢喝点冷饮，好解解暑气。实际上，古人在夏季也能喝到冷饮。中国从周代的时候就已经有了藏冰技术——人们常先挖好一个巨大的地窖，并在地窖四壁上加上一层用草料制成的隔热保温层，冬季结冰的时候，他们便会将大量的尺寸较大的冰块码放在地窖内，然后封住窖门。夏季一到，他们便打开冰库，取出冰块，制作各种冷饮。

古人常喝的冷饮有两种，一种是将冰块和各种新鲜的水果拌在一起，然后将汁水和水果一起吃下去，或者是将冰块放入预先调好的浆水之中，趁凉饮用。根据《楚辞》的记载，楚人喜欢在夏天的时候将冰块置于酒中，喝冰镇的酒。

其实，古代藏冰极其不容易，因此只有王公贵族或是豪门大户人家才能在夏天的时候喝到冷饮。到了宋代以后，冷饮才渐渐进入百姓的生活，市场上也出现了很多冷饮，比如：甘豆汤、椰子酒、卤梅水、木瓜汁、梅花酒等。到了清代的时候，藏冰已经高度发展，甚至出现小贩走街串巷叫卖的“冰核”，人们只要花几文钱就可以买到一小块冰核。晚清民国时期夏季大受人们追捧的冷饮就是冰镇酸梅汤了。

“筷”和“快”谐音，它们之间有什么联系吗？

这还要从“箸”说起。

著名大诗人李白，曾有过“停杯投箸不能食”的诗句。而这个“箸”便是现在的筷子。从周代起，“箸”已经作为一种餐具出现。当时它的主要作用是，将小块食物从碗里夹起，送到口中。

“箸”沿用了近千年。到了明代时，现在的江浙一带，人们以出海捕鱼为生。有一次，大家吃饭的时候，有个人就提了个问题，渔夫出海捕鱼最怕的是什么。周围的人想了想，回答他说，大家都怕沉船，或者是船只停滞不前，生意一落千丈。

那个提问题的人表示赞同。随即他又说，那么大家现在手上拿的又是什么。周围的人鄙视地看着他，回答道，当然是“箸”。那个人接着说，既然我们怕行船“住”，干吗还把拿着的这个东西叫“箸”呢。

所有的人都恍然大悟，但同时有人又提出，不叫“箸”那还能叫什么呢。大家商量后认为：既然大家都不希望“住”，那就让它“快”，所以这个东西理应叫做“快儿”。

这么无厘头的决定，居然被吴地的百姓

▼ 鸟饰勺（战国前期）

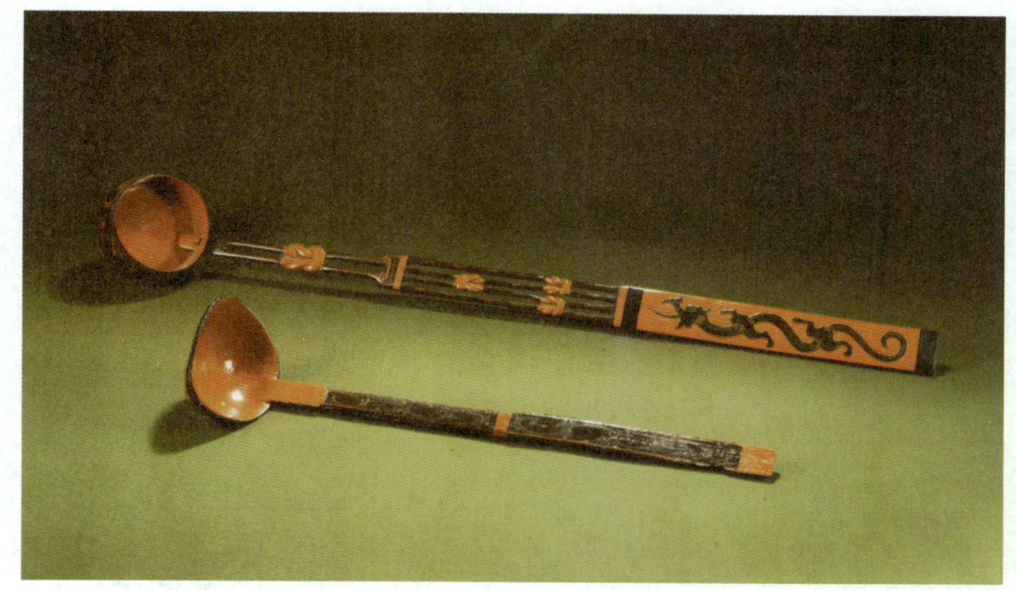

▲ 彩绘竹雕龙纹漆勺（西汉）

传开了。从此人们渐渐忘了“箸”，而在“快”上面加上了竹字头，以表示它是用竹材制成的。因此，便有了我们现在所说的“筷子”。

在中国传统的饮食文化中，筷子并不是唯一的餐具。早在筷子产生之前，就已经有其他的餐具存在了，而且地位都在筷子之上。

都说西方是用刀叉餐具的发源地，其实不然。要是论起用刀叉的年龄，恐怕中国古代要高着一辈。我们经考古出土的餐叉，大概有六七十件，而且大部分都是新石器时代的。出土的最早餐叉，是甘肃武威齐家遗址的一枚餐叉。整个叉呈扁平形，有三个齿儿，兽骨制成。而后在郑州的商代遗址，又出土了一枚三齿儿骨制餐叉。这枚餐叉全身长8.7厘米，叉的把手和齿儿间没有分界。

中国出土的这些餐叉，大部分都集中在黄河中游。叉齿与多为双齿构造。这些基本反映出了，在战国时代以及更早时期，中国黄河流域的人们，已经使用餐叉这一餐具了。而到了后来，筷子的便捷、取材容易等特点，使其逐渐取代了餐叉的地位。最终在古代的餐桌舞台上，餐叉败下阵来。

在一碗羹中，我们可以用餐叉逮住肉块，但却无法舀出鲜美的汤。于是餐匙作为又一必备的餐具，出现在了人们的生活中。

据考古发现，餐匙的历史至少有7000年了。从兽骨匙、青铜匙、漆木匙，渐渐发展为金匙、银匙，餐匙一直为上层社会所重视。古代的餐匙，在文献里，一般记载为“匕”或“匙”，杨雄的《方言》里也说“匕谓之匙”。而现在我们不会称匙，只会叫它“汤匙”或者“勺儿”。古代的餐匙是取饭、盛菜用的，与西方的餐勺样式更是不同。

很多人以为中国人以前没有勺、不用勺，殊不知，我们勺的历史是那样悠久，同样反映出我们悠久的饮食文化传统。

延伸阅读

“大锅饭”是怎么来的?

“大锅饭”是说人们工作不积极，干多干少一样。“大锅饭”源于广东庆云寺，这里有一口明代的特大铁锅。如果用这口铁锅煮一锅饭，足可以供数百名僧人食用。然而，这口大铁锅却并非真正用来煮饭，而是用来向那些朝神拜佛的施主化缘。

它安放在佛殿的一角，四周围着铁栏杆。凡进庙烧香拜佛的善男信女，在经过大铁锅旁边时，都要投进几个铜钱，一则是为了孝敬菩萨，以求降福灭灾，二则是为维持寺内僧人生计。因此，这口从未煮过饭的大锅是和尚的生活依靠，装的是地地道道的“大锅饭”。

39 当我们听了别人的高见、大受启发时称作“醍醐灌顶”，“醍”和“醐”到底是什么神奇的东西？

东周的时候，“醍”是好酒的代名词。在周代，人们对发达行业的划分是比较细致的。酒，在那个年代便是这样一个行业。社会上，男女老少都会饮酒，当然那时酒的度数较低。但是渐渐地，人们开始品评酒的优劣。为了同下层百姓喝的酒有所区别，上层的奴隶主便开始给酒定名。

所谓定名，其实就是按照酒的澄清度来分出等级。《周礼·天官》中就有记载，说“辨五齐之名：一曰泛齐、二曰醴齐、三曰盎齐、四曰醍齐、五曰沈齐。”

上面的几个“齐”，实际上就是分出的五个等级。后世的郑玄就解释过，这“泛齐”和“醴齐”都是浊酒。古代的浊酒，都是未经过滤的，就像现在南方家庭自制的酒酿。而后三种都是清酒。这

▲ 影青瓷酒注及温碗(宋)

里的清酒，都是经过过滤，且度数较低的酒。“醍”便是古代的一种清酒。

那么“醍醐”又是怎么用到一起的呢？

据考证，“醍醐”跟佛教的引入有关。魏晋时期，佛教大盛，当时就有“一切众生皆有佛性”的说法。而后的《涅槃经》更说，世上的人与食物是等同的，“诸佛世尊犹如醍醐”便是最形象的说法。而后“醍醐”便作为一种术语流行了。当我们生活中遇到不顺的事情时，百思不得其解时，突然间参悟出正确的行为时，这种清新脱俗的大彻大悟，便是禅家所谓“醍醐灌顶”的美妙、

▼ 酿酒图（明）

那么这“醍醐”用在一起究竟指什么呢？

其实在中国古代，“醍醐”应该是一种“胡食”，而且是古代一种特殊的乳类饮品。北方的游牧民族有食用乳制品的习惯。他们把鲜奶制成了乳制品，像奶酪、奶皮就是北方游牧民族最普遍的食物。然后又深加工，提炼出酥油。

在《史记》上，曾写过一段关于匈奴的事，“得汉食物皆去之，以示不如湩酪之美也”。上面意思是说，当匈奴人得到了汉朝食物后，都会丢掉，以表示汉朝的食物是比不上自己的“酪”

好吃的。这里的“酪”，实际上就类似“醍醐”，仅仅略有所不同。

古代的匈奴，生活在大草原上，牛马乳到处可得，也养成了吃乳酪的习惯。“酪”有干湿之分。干酪，就是奶皮子；而湿酪，就跟我们现在喝的酸奶差不多。“醍醐”是经过经酥酪加工制成的，是上等的乳酪。

在《涅槃经》上也说过，牛乳制成了酪，在酪的基础上加工成生酥，再添加一道工序，变成了熟酥，最终经过提炼得到的油就是“醍醐”了。

中原地区的食酥估计是从少数民族地区传入的。例如“天街小雨润如酥”的比喻证明了诗人是见过或者品尝过奶酪的。

延伸阅读

在古代，“筵”“席”都是坐的东西，后来为什么用“筵席”指代酒席？

古代中国，人们都是席地而坐的，但不是人们直接坐在地上。实际上古人是在座位上铺上“筵”与“席”。在《周礼·春官宗伯》有记载，“筵”与“席”是“二名一物”，都指铺成在地的坐具。两者的区别在于铺设的先后顺序不一样——人们往往称先铺成的为筵，加于筵之上的为席。严格来说，筵与席还是有一定区别的：筵较长，而且只铺设一层；席较短，可以铺设几层（按照主人身份的不同，铺设的层数也不一样，天子的席一般为五层）。

古人在宴饮时，往往都会“铺筵席，陈尊俎”，所以渐渐地人们便用“筵席”来代称酒席了。

40 "青梅煮酒论英雄"的故事为大家所熟知，那时候的酒为什么要用青梅来煮？

在《三国演义》第二十一回中讲述了这样一个故事：刘备兵败暂时依附于曹操，但依然心存大志。为了不引起曹操的猜忌，他故意整天在花园种菜。不过，曹操还是对他不放心……

▼ 陈洪绶《蕉林酌酒图》

一天，曹操让人将刘备请入府中做客。刘备到后，曹操便大声说："在家做得好大事！"刘备吓得面如土色，以为此前和董承立盟之事被发现了，谁知道曹操却拉着他走到后花园说："玄德学圃不易！"刘备才暗自松了一口气。

接着，曹操指着园中梅树上的梅子对刘备说，看到梅子青青便想到了往事，因此"今见此梅，不可不赏"，而且"又值煮酒正熟"，所以便请他到小亭一会。刘备这才安心下来，和曹操一起走进小亭里，只见亭内"已设樽俎：盘置青梅，一樽煮酒"。两人于是相对坐下，开怀畅饮。

两人正喝得高兴时，天空突然阴雨密布，天边出现了一朵形状像龙一样的云彩。曹操便趁机说龙就像是世间的英雄，然后便和刘备谈论起英雄的话题来，他问刘备当今天下谁才是真正的英雄。刘备说是袁术、袁绍、刘表、孙策等人，都被曹操一一否决了。于是，刘备便谦虚地向曹操讨教谁才是真正的英雄，谁知曹操用手指了指刘备，然后又指了指自己，开口说了一句话：“今天下英雄，惟使君与操耳！”刘备听曹操这么一说，吓了一跳，手中的筷子也落在了地上。

说来也巧，就在刘备筷子掉落之时，雷声大作。刘备于是从容地俯下身去捡筷子，并且掩饰说：“一震之威，乃至于此”。曹操笑着问他，大丈夫也怕打雷吗？刘备回答说当然怕了。曹操于是不再怀疑刘备。

▲ 鸿门宴

这便是“青梅煮酒论英雄”的故事。所谓的“青梅煮酒”并不是指用梅子来煮酒，而是以青梅为佐酒之物的饮宴，煮酒指暖酒。古人为什么喜欢用青梅下酒呢？

青梅为蔷薇科植物梅的果实，因为其果实成熟时是青绿色的，因此人们将其称为青梅（或将其晾干制成乌梅，或腌制、晒干成白梅）。中国在商代的时候就已经开始种植青梅了，那个时候人们将青梅当成是煮菜用的调料。《书经·说命篇》就有青梅的记录："若作和羹，尔惟盐梅。"可见，古代的厨房里，盐和梅都是不可缺少的调味品。

青梅，味酸，性平。《本草纲目》中也有提到青梅能够"生津、止渴、清神、下气、消酒"，可见青梅是非常有助于健康的——不仅能够生津止渴，而且还可以解酒。《神农本草经》也指出："梅实味酸平，主治下气，除热烦满，安心，止肢体痛，偏枯不仁，死肌，去青黑痣，蚀恶肉。"除此之外，酒和青梅共食可以健胃，同时还可以治疗呕吐腹泻。这就难怪古人在喝酒时为何总喜欢以青梅相佐了。

延伸阅读

为什么"鸿门宴"成了暗藏杀机的宴会的代名词？

据《史记·项羽本纪》记载：秦朝末年，刘邦与项羽各自攻打秦朝的部队，刘邦兵力虽不及项羽，但刘邦先破咸阳，项羽勃然大怒，派英布击函谷关，项羽入咸阳后，到达戏西，而刘邦则在霸上驻军。刘邦的左司马曹无伤派人在项羽面前说刘邦打算在关中称王，项羽听后更加愤怒，下令次日一早让兵士饱餐一顿，击败刘邦的军队。一场恶战在即。后来刘邦拉拢，说服了项羽的叔父项伯，并约为亲家，项伯答应为之在项羽面前说情，并让刘邦次日前来谢项羽。于是，项羽在鸿门设下酒宴。

鸿门宴上，虽不乏美酒佳肴，但却暗藏杀机，项羽的亚父范增，一直主张杀掉刘邦，在酒宴上，一再示意项羽发令，但项羽却犹豫不决，默然不应。范增召项庄舞剑为酒宴助兴，趁机杀掉刘邦，项伯为保护刘邦，也拔剑起舞，掩护了刘邦，在危急关头，刘邦部下樊哙带剑拥盾闯入军门，怒目直视项羽，项羽见此人气度不凡，只好问来者为何人，当得知为刘邦的参乘时，即命赐酒，樊哙立而饮之，项羽命赐猪腿后，又问能再饮酒吗，樊哙说，臣死且不避，一杯酒还有什么值得推辞的。樊哙还乘机说了一通刘邦的好话，项羽无言以对，刘邦乘机一走了之。这就是"鸿门宴"的故事。后来这个词语被用来指运用计谋进行重大政治斗争的宴会。

41 人们常说的“以茶代酒”出自哪里？

在陈寿的《三国志·韦曜传》中，有这么一段话“皓每飨宴，无不竟日，坐席无能否，率已七升为限，虽不悉入口，皆浇灌取尽。曜素饮酒不过二升，初见礼异时，常为裁减，或密赐荈以当酒。”

皓指的就是三国时吴国的最后一位君主孙皓，他的父亲是孙权的第三个儿子，叫孙和。东吴鉴于蜀国少主继位招致灭国，因此便立了年纪较大的孙皓为国君。孙皓刚接任皇位的时候，抚恤百姓，提倡节俭生活，深得东吴百姓的爱戴，但是不久之后，他就开始沉迷于酒色，而且常常大肆纵酒。

▲ 酿酒画像砖

▼ 漉酒图轴（明）

本文开头那句话意思是：孙皓每次举行酒宴时，在座的宾客大臣每人至少都要饮酒七升，虽然并不是所有的酒都喝到肚子里，但是酒杯都要斟满，喝完之后要亮盏，酒杯内不能有酒。当时孙皓有个大臣叫做韦曜（原名韦昭，避晋文帝司马昭讳）的，酒量只有二升，刚开始的时候，孙皓非常宠信他，因此对他特别照顾，让人在斟酒时少斟或者偷偷地让人用茶水代替酒斟给韦曜喝。“以茶代酒”之说便由此产生。

孙皓虽然对韦曜特别照顾，但是他每次宴会等到大家都喝醉了的时候，他就让自己的左右侍臣戏弄公卿大臣，以此为乐。为人耿直的韦曜觉得这样下去会导致朝廷内部人员的不满，因此劝谏孙皓不要再这样，然而孙皓不仅不听，而且还渐渐疏远了韦曜。后来，韦曜又因记录有关孙和的事迹时，直书了一些孙和不光彩的往事，惹怒了孙皓，被判入狱，不久后被杀了。从此，“以茶代酒”的习俗保留了下来。

其实，韦曜之所以能够实现以茶代酒跟古代的饮酒习惯密切相关。在古代官方尤其是帝王招待臣子的酒宴上，座次、酒具、喝多少都是有规矩的，并且酒席上有专门的酒倌负责喝酒秩序。这个习俗最早是在周代创立的，沿用了千年之久。酒倌本来是专门掌管酿酒的官员，后来发展成为酒席上的维护秩序的人。

单说斟酒就有很多讲究。“酒要八分满”，这个是为了喝酒的人不要喝的太急，避免醉酒失态，《诗经·小雅·宾之初筵》中有一句话叫“饮酒孔佳，唯其令仪”。这一篇是周天子宴请诸侯，让诸侯们喝酒要注意酒量，注意自己酒后的仪态。

再比如碰杯，客人跟主人碰杯、年轻人跟年长的人或者小辈跟长辈碰杯再或者同辈人碰杯，前者要把自己的酒杯放低一点，这样是表示尊敬。如果劝酒的话，主人要先干一杯，叫“先干为敬”，喝完酒再吃饭，想必“酒足饭饱”就说明了这个饮酒与吃饭的顺序吧。

当年孙皓之所以能够让韦曜以茶代酒主要是安排好了酒倌这个环节，同时大臣对帝王一般都心存敬畏，韦曜喝的是茶是酒也就没人知道了。

延伸阅读

● “酒过三巡、菜过五味”中的“三巡”、“五味”都是指什么？

中国有句古话叫做“酒过三巡，菜过五味”，意思是说：主人已经给每位客人都斟了三次酒，菜也已经上得差不多了，应该谈正事了，否则就该散席了。

“酒过三巡”这一说法大概起源于唐，因为在唐以前，人们宴饮时都是分散开来席地而坐，各有一套餐具，因此斟酒时无“巡”之感。到了唐代的时候，随着高凳和桌子的出现，人们开始围桌而坐，于是主人席间一人为同桌之人斟酒时便有了“巡”的感觉。酒过三巡，也就是说每个人都喝了三杯，古人倡导饮酒时要有节制，喝三杯就差不多了，再喝就不合礼数了。

关于“五味”人们的说法却有些不一致：有人认为五代表概数，也就是说多的意思，也有人认为五味指的是酸、甜、苦、辣、咸这五味。不过，不管五味具体指的是这两个意思中的哪一个，它都代表着筵席上的菜有很多道，已经吃得差不多了。

我们经常说的"烧酒"是不是中国人的发明?

"烧酒"一词从唐朝的时候就已经出现了，唐诗《荔枝楼对酒》中有这么一句："荔枝新熟鸡冠色，烧酒初开琥珀香"，雍陶也曾写过这样的诗句："自到成都烧酒热，不思身更入长安"。唐朝人田锡和赵希鹄两人在各自的著作中也都提到了"烧酒"一词，可见在唐朝的时候，饮用烧酒就已经比较普遍了。不过，这里提到的烧酒和今天我们所说的烧酒是不是同一回事，目前还有待考证。

关于中国的烧酒历史是从什么时候开始的是一个比较难回答的问题。有资料显示中国是从元朝开始才有烧酒的，而且是从外国传入的。元代著名的宫廷营养专家忽思慧在他的《饮膳正要》中曾写过这样一句话："用好酒蒸熬，取露成阿剌吉。"其中，"阿剌吉"便是蒸馏酒，

▼ 酿酒图壁画（西夏）

即我们常说的烧酒。

元朝的时候，中国与东南亚及西亚地区往来频繁，各国之间在各个方面都有交流。因此，有人认为烧酒便是那个时候文化交流的产物，是从印度传入中国的。不过，有人认为烧酒原名叫阿剌奇，是元军征战欧洲时路过阿剌伯（今译阿拉伯）时带回中国的。清代的章穆在《饮食辨录》中也提到烧酒，他说烧酒又叫做火酒、阿剌吉，而且他还解释说“阿剌吉，番语也”。其实，现今已有人考证所谓的“阿剌吉”“阿剌奇”都是译音，实际上它们指的都是用稻米和棕榈杆酿造的蒸馏酒。

除了以上的证据外，李时珍在《本草纲目》中也提到烧酒“非古法”，而是

▲ 制酒图(《天工开物》)

“自元时始创”。可见，中国从元代才开始酿造白酒的可能性非常大。而且，李时珍还将烧酒的酿造方法也记录了下来：“用浓酒和糟入甑，蒸令气上，用器承取滴露……近时惟以糯米或黍或秫或大麦蒸熟，和曲酿瓮中十日，以甑蒸好，其清如水，味极浓烈，盖酒露也”。这段话的“清如水”恰好就告诉了我们元代的时候的烧酒已经和今天的白酒没有什么区别了。由此看来，中国烧酒文化始于元代这一说法应该是可信的。

自从中国引入制造烧酒的方法之后，很快便在民间得到传播，后来这种工艺还传到了少数民族地区。少数民族根据他们的生活方式和生活地区作物的不同，将原始的烧酒酿造方法加以变通，形成了自己独有的烧酒文化。现在，很多少数民族依然在用传统的方式酿造具有民族特色的烧酒——云南哀牢山彝族的小锅酒、哈尼族的焖锅酒、怒族和傈僳族的蒸酒、拉祜族的董棕树心酒和嫩苞谷带核蒸酒都是其中的佼佼者。

● 剑南春是一种烧酒，酒名中为何冠以“春”字？

剑南春产自四川绵竹，因为这里在唐代的时候属于剑南道，这里自古就有“酒乡”的美誉。唐代的剑南春酒叫做“剑南烧春”，相传李白曾把貂裘卖掉换酒喝。那么，这种酒为什么要用一个“春”字呢？其实，唐代的时候给酒叫做“春”，故而剑南之地产的酒就被称为“剑南春”，逐渐地这一名称成为一种酒的品牌了。

43 大名鼎鼎的“满汉全席”到底有多少道菜？

“满汉全席”源自清入关之后。那时候，清兵先后进行了“扬州十日”“嘉定三屠”的大屠杀。就这样，数万汉族百姓被满洲八旗兵疯狂屠杀。扬州和嘉定，成了人间炼狱。

康熙即位后，认识到汉族百姓力量的强大，一味屠戮是不行的。于是他提出了满汉的民族和解主张。

要进行民族和解，首先就要得人心。自己虽然爱民，光施政是不够的，更要从细节上着手。那个时候，康熙帝就已经明白了，细节决定成败。据说康熙拿出来的举措之一就是让满汉的菜肴汇为一家，或许康熙深深懂得中华自古就信奉“民以食为天”。康熙要在饮食上表现他的施政方针。

▲ 清代康熙皇帝读书像

康熙命令御厨，收集汉族天下名菜。这样，满人的菜中取了54道，汉族名菜中取了54道，汇到一起，便成了天下闻名的“满汉全席”。当然，这只是民间流传的一个说法。

在中国古代饮食中，虽然有“佳肴美味出民间”的说法，但是宫廷菜历来是美味佳肴的象征。

宫廷御用菜的历史，远没有民间菜悠久，但它集中了民间菜的各种优势。从北齐开始，皇宫内的光禄寺，便专门负责皇帝的饮食。而且御膳有着很严格的制度，并不是皇帝想怎么吃都行。春天要养肝，夏天要护心，秋天要润肺，冬天要保肾。皇帝想吃饽饽，但是御厨不会给你做，因为这都是按规定来的。皇帝即使权力再大，御厨为了天子的健康，也会剥夺他吃饽饽的权利，改吃大饼。

▼乾清宫宝座台皇帝餐桌

帝王餐是很有讲究的。《周礼》就曾记载，皇帝吃饭要听音乐。于是钟鼓乐队边演奏，皇帝边进餐，这是有利于消化的好办法。而且一般情况下，皇帝都是独自用餐，周围的宫娥太监们，只能看着，这就是封建礼仪的严格约束。偶尔，皇帝也会请客，恩赐皇后、妃嫔甚至宠幸的大臣，一起与自己用餐，以显示天子的恩宠。

当然，皇帝吃饭，也是有时间规定的。在清代，皇帝一般是两餐。早餐是在早朝之前，大约是六点到八点，晚上一般是下午三点左右。这只是皇帝一般的吃饭规律。皇帝处理政事劳累到深夜，也会经常吃夜宵。如果皇帝心情好了，他便会大宴群臣，甚至在每一个节日，他也不愿错过吃东西的机会。所以即使是每日两餐，也没有见过哪个皇帝骨瘦如柴、面黄肌瘦的。

那么，皇帝吃的菜有什么讲究

呢？其实宫廷菜都来自民间，只是在原料和名字上进行了深加工。比如说，有一道著名的皇家菜叫“蟠龙菜”，产生于明朝嘉靖年间。据记载，“蟠龙菜”是把猪的精肉和板油、碎鱼肉、绿豆粉、鸡蛋清搅和在一起，外面包上鸡蛋做成的皮，蒸熟后切成片，红黄相间，跟龙的形状相似。可谓是色、香、味、形俱全。难怪很多人说要过皇帝瘾，光是这皇帝的御膳，便足以让人想当把皇帝了……

延伸阅读

中国菜名目繁多，你知道中国有哪几个菜系吗？

千百年烹饪技术的发展，使我国逐渐形成了八大菜系。它们分别是鲁、川、苏、粤、闽、浙、湘、徽八大菜系。山东菜以清香鲜嫩见长；四川菜以麻辣著称；江苏菜以甜咸浓淡适中出名；广东菜吃海味为主；福建菜重甜酸咸香；浙江菜以清爽香酥为佳；湖南菜吃酸辣香鲜；安徽菜重油色火功。

鲁菜被称为八大菜系之首。清代乾隆帝八次驾临孔府，孔府菜大量进入宫廷，成为御膳的珍品。鲁菜历史悠久、流传很广，宋代的“北食店”经久不衰，北京菜更是深受其影响。北京烤鸭从鲁菜而来，它色泽红艳，味道醇厚，肥而不腻，配甜面酱、葱条、蒜泥同吃。

川菜以四川成都为正宗，“一菜一格，百菜百味”，博采众长，雅俗共赏，在国际上颇有知名度。火锅老少咸宜，重庆更是火锅之都。关于吃火锅，还有段故事。《山家清供》中说，林洪一日去拜访武夷山仙裳峰的隐士止止师。在上山时，“遇雪天，得一兔”，他就顺便带到止止师处，打算煮熟吃。可是山上没有厨师，止止师告诉林洪一个新的吃法。先把兔肉切成薄片，用酒、酱、椒、桂做成调味汁；再在小火炉上煮一锅清水，用筷子夹住一片兔肉在沸水中“摆熟”，取出后沾着调味汁吃。“摆熟”即在沸汤中涮熟。红色的兔肉片在沸汤中反复摆涮，逐渐变成白色，如同空中变幻的云霞，这些雅士就给涮兔肉取了一个“拨霞供”的美名。

粤菜选料广博杂奇，西汉《淮南子》就有“越人得蚺蛇以为上肴”的记载，南宋人也说粤人“不问鸟兽蛇，无不食之”。

闽菜中的名菜佛跳墙，原名福寿全，因“缸启荤香飘四邻，佛闻弃禅跳墙来”一诗而改。佛跳墙制作工艺复杂，先把十八种原料用煎炒烹炸等多种方法制成各种菜式，再层层地码放在酒坛里，注入适量上汤和绍兴酒，使汤、酒、菜充分融合，再用荷叶把坛口密封起来，先武火后文火煨炖而成。

苏菜和浙菜相近，统称江浙菜系，南宋时是“南食”的两大台柱。淮扬菜是苏菜中的一支，曾为宫廷菜，目前国宴中的大多数菜肴仍属淮扬菜。春秋时齐国易牙曾在徐州创制“鱼腹藏羊肉”，千古流传。苏菜的名菜也很多，有康熙帝指名的西湖醋鱼，苏轼所创的东坡肉等。

湘菜擅长香、酸、辣，具有浓郁的山乡风味。俗话说：“湖南人不怕辣，贵州人辣不怕，四川人怕不辣，湖北人不辣怕。”湖南辣椒有酸辣、麻辣、咸辣、油辣、鲜辣等口味。

徽菜曾追随着徽商的脚步在全国漫游，重油、重色、重火功，还有许多健身强体的食谱药膳，名菜有红烧果子狸、云雾肉等。

端午节吃粽子真的是为悼念屈原而产生的吗？

▼ 屈原像

大部分人都认为，端午节吃粽子是为了祭奠屈原。

据《史记·屈原贾生列传》记载，屈原是春秋时期楚怀王的大臣。他的主张遭到贵族子兰等人的强烈反对，最后被楚怀王赶出都城，流放到沅、湘流域。他在流放中，写下了忧国忧民的《离骚》《天问》《九歌》等不朽诗篇。公元前278年，秦军攻破楚国京都。屈原眼看着国家败亡，心情沉痛，在农历五月初五这天，写下了绝笔《怀沙》，之后毅然投汨罗江而死。

传说屈原死后，楚国的百姓感念屈原的爱国情怀，渔夫们划着小船到汨罗江打捞屈原的尸身，他们为了不让鱼虾咬食屈原，便把米团投入江中喂饱鱼虾。后来这个习俗流传下来，人们用苇叶包上糯米和红枣，扎上五彩丝线，纪念当年殉国的屈子。这就是粽子。

粽子的种类有很多，比如一种说法是用楝树叶蒙住竹筒口，然后用五彩丝绑住做成粽子。其实，粽子的真正由来并非源自屈原之死（虽然传说很动人），其起源有很多种，其中有一种最

▲ 粽子

令人信服，那就是“包烹”的说法。

在很早以前，人们刚开始懂得用火烤得熟食时，味道虽然比生食要好，但常常将食物烤焦。后来，人们渐渐地改进了用火的方法，他们将食物包裹在树叶里，然后再放到火中煨烤，最后取出剥叶而食。这就是粽子的雏形了。后来，人们用火的技术更加高超了：人们先在地上挖一个坑，把一块兽皮垫在坑里，往其中注入清水，然后将在火中烧烫的石子投入水中使水沸腾，用其烧煮用植物叶子包裹的原料。这个时候，他们的这种煮食方式就更像现在的粽子了。后来人们虽然不再用这种方法煮制食物，但是这种食物被保留了下来，渐渐地形成了特有的粽子文化。

“粽”最早见于汉代许慎的《说文解字》，“粽”字本作“糉”；《说文新附 · 米部》中则更加详细地写道：“糉，芦叶裹米也”。粽子又叫角黍，西晋人周处在《风土记》中有详细记载："仲夏端五，方伯协极。享用角黍，龟鳞顺德"。李时珍在《本草纲目》中则详细说明了角黍是用菰叶裹着黍米，煮成尖角或棕榈叶形状食物，至于"粽子"则是明清以后的叫法。此后，"粽子"一词沿用至今。

如今，全国各地都吃粽子，但是种类非常多，比如北方的粽子一般都是用糯米加上红枣包成，有的会加上红豆。南方的粽子花色品种比北方丰富，主要是馅料变化很多，尤其是江南的粽子非常讲究，一般都要把糯米事先用酱油腌过，馅料会加入肉食，这样口感更加浓郁。江南粽子比较有名的是嘉兴肉粽子。并且传统的粽子，包粽的粽箬很有讲究，必须选用一种专门栽种的青芦叶或非常宽长的竹箬。用这种叶子包出来的粽子清香浓郁，并且不易变馊。小小一个粽子，竟然融入了这么多人文精神，我们吃起粽子来别有一番情怀啊。

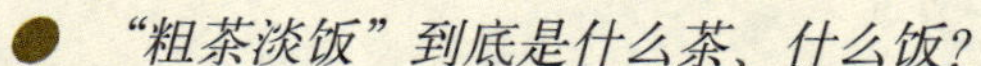

一般人认为粗茶淡饭一定是非常差的饭食，但是民间却有一种说法："粗茶淡饭延寿年"。这究竟是怎么回事呢?

其实，人们对粗茶淡饭一直有误解。所谓的粗茶是与新茶相对的，这种茶叶含有很多有益于人体的抗氧化茶多酚；而淡饭也不是所谓的粗粮、素食，而是尽量食用谷物、蔬菜和脂肪含量低的鸡鸭鱼等食物。难怪说粗茶淡饭会延年益寿了。

“鲤鱼跃龙门”比喻一个人飞黄腾达，它和酒席有什么关系？

传说，夏禹开凿了龙门（位于今山西省河津城西北12公里的黄河峡谷中）之后，每年一到春季便有大批的鲤鱼从孟津出发来到这里，梦想着能够游过龙门。可是，龙门的水流湍急，鲤鱼很难通过。鲤鱼们试了无数次，最后它们便试着用跳跃的方式跃过龙门。不过，这样做它们得承受一定的痛苦。每当有鲤鱼越过龙门的上空时，一团天火必定会追在它的身后，烧掉它的尾巴。经历过这样的痛楚之后，跃过龙门的鲤鱼就可以成为真正的龙。

▲ 大禹像

据说这就是“烧尾”一词的由来，烧尾即代表功成名就，因此后人在仕途上有所成就之后便会摆上“烧尾宴”。根据《辨物小志》的记载，烧尾宴就是“取其‘神龙烧尾，直上青云之敬意’”。不过，对此有人抱怀疑的态度，因此关于烧尾也还有其他的说法。

其中一种说的是，烧尾烧的是老虎的尾巴：老虎变成人后，尾巴仍然还在，需要将他的尾巴烧掉，这样它才能变成真正的人。

再一种说法则认为，烧尾

烧的是羊的尾巴：据说新羊刚进入到羊群的时候，群羊欺生，因此需要将新羊的尾巴烧掉，这样才能够安宁。传闻，当年唐太宗就问过朱子奢关于烧尾的问题，朱子奢就以羊尾之说回答他。

虽然人们对“烧尾”所烧的到底是哪种尾知道的并不真切，但是古人对烧尾宴却极其热衷。那么烧尾宴到底是从什么时候开始的呢？

烧尾宴始于唐中宗景龙年间，至玄宗开元中停止，流行了二十几年的时间。封演在《封氏闻见录》中这么写道：“士子初登、荣进及迁除，朋僚慰贺，必盛置酒馔音乐，以展欢宴，谓之‘烧尾’”。其实，唐朝时候的烧尾宴分为两种：一种是，士子登科或是官员荣升时，主人准备的用于庆贺的酒宴；另一种是，朝廷大官晋升时特别进献给皇帝的宴席。不管是哪种烧尾宴，其实质都是一样的，都说明了宴席的主人地位从低向高得到了一个质的飞跃。

▼ 狩猎纹高足银杯（唐）

烧尾宴和普通的宴会不同，烧尾宴一般都比较奢华，宴席准备的食物不仅品目繁多，而且珍贵异常，除了常见的鸡、鸭、鹅、鱼、猪、牛、羊、兔外，还有熊、鹿、豹、狸、虾、蟹、青蛙、鳖等——真是山珍海味，无一不全。而且，烧尾宴菜式的做法极其讲究，如：水炼犊，就是清炖整只小牛；雪婴儿，将田鸡（青蛙）内脏除去后，裹上一层精豆粉，放入锅内煎贴，成品色白如雪，形似婴儿；同心生结脯，将生肉切成薄片，然后打一个同心结，风干成肉脯食用。

除了主菜外，还有各种点心，其用料之考究，做工之精细，令人叹为观止。夹馅烤饼的成品要像曼陀罗蒴果；水晶龙凤糕，用糯米做成糕面，枣子为糕心，这道糕点要蒸到糕面开花，枣子外露才算成功。

除了吃菜外，烧尾宴上还有一种“看菜”。所谓看菜即用来观赏和装饰的工艺菜，根据至今依然存世的一张食单，人们可以知道当时有道看菜叫做“素蒸音声部”。这道菜是用素材和蒸面做出来的，共有70件，情景是一群如仙子一般的歌女舞女在奏乐跳舞。

当时除了官员以外，一些皇室的公主们为了博得皇帝的喜爱也会向皇帝敬献烧尾宴，而且一个比一个豪华，唐玄宗为了应付这些烧尾宴，还特别设立了一个“检校进食使”的职位。由此可见，当时的“烧尾”之风有多盛行。

● *“炒鱿鱼”为何与“开除、解雇”是同一个意思？*

炒鱿鱼是一道广州人待客的好菜，男女老少都爱吃。炒得好的鱿鱼，一个个呈卷筒状。旧社会，被老板解雇的店员、职工，只能打行李回家另谋出路。因“开除、解雇”之类的词句太不雅，广州人便用“卷铺盖”来表示这个意思。后来人们觉得鱿鱼卷很像卷铺盖。于是就用炒鱿鱼代替了“开除”“解雇”。

● *中国古代的人们都吃什么肉？*

古时候，农牧业水平比较低下，人们可以吃的东西没有那么多选择。从肉食角度看，猪肉是先民们较早的动物肉食，甲骨文中出现的“家”“豢”“豪”等字可以反映出来，那个时候猪就已经被人驯化了（“豕”即代表猪，这几个字都有“豕”，说明那个时候已经有猪了）。

除了猪之外，古代中国百姓常吃的肉类还有羊肉和狗肉。而且，因为吃狗肉的人比较多，所以还出现了专门屠宰狗的职业，著名勇士樊哙原来就是以屠狗为生的。至于牛肉，一般少数贵族可以品尝到，汉族普通百姓家是吃不起的。因为牛主要用于耕作，价格自然较高。

除了这些畜养的动物外，人们也吃一些野味，普通百姓能品尝到较容易渔猎到的普通水产或是禽类，少数兽类，但是达官贵族却能享受到鲤鱼、大鳖、鸽、鸹、熊、豹、豺等珍贵肉类。

46 为什么中国人把糕点叫作"点心"?

糕点也叫点心，它不是正餐，一般可以作为早餐或零食。相传最早的糕点，是商朝末年的文种做的，他把糖跟谷粉掺在一起，做成了条状的饼，给士兵当干粮。行军之余，士兵们已经把太师做的东西，当成了零嘴。后世的糕点制作大师，更是把文种奉为祖师。其实，假托文种为糕点祖师只不过是人们对糕点寄予的美好寓意罢了。

中国古代，糕点一般是在上正餐之前吃的。主人家上菜前，会先请客人饮茶、品点心，等待着大餐来临。有的客人饿了，便会先吃一些点心充饥。有的点心太好吃了，客人招架不住诱惑，在正餐上来之后，有些客人因吃了较多美味的点心而没有胃口了。

▼ 寿糕

“点心”是糕点的别称，相传梁红玉擂鼓退金兵后，看到浴血奋战的战士后，浑身都是战斗留下的伤痕，很是心疼，所以命人做出民间的一种糕点，派人送给前线兵士们，大家都知道这是梁大姐的“点点心意”，从此“点心”便叫开了。其实，我们在吃点心的时候，也会有一种舒心的感觉，尤其是入口的时候，整个心更被那酥松的味道占据了。

糕点，在中国已经有两千多年的历史了，一直深受人们的喜爱。

中国古代的十大名厨

(1) 商朝辅国宰相伊尹，有“烹调之圣”美称。

(2) 春秋时期名巫、著名厨师易牙，也叫狄牙，精于煎、熬、燔、炙，又是调味专家，齐桓公非常宠信他。

(3) 春秋末年吴国名厨太和公，尤以炙鱼闻名天下。

(4) 唐朝一代女名厨膳祖，据说唐代笔记体小说《酉阳杂俎》中的食谱均出自膳祖之手。

(5) 五代时尼姑、著名女厨师梵正，以创制“辋川小祥”风景拼盘而驰名天下。

(6) 南宋高宗宫中女厨刘娘子，是历史上第一个宫廷女厨师。

(7) 南宋著名民间女厨师宋五嫂，创制了宋嫂鱼羹。

(8) 明末清初秦淮名妓董小宛，善制菜蔬糕点，尤善桃膏、瓜膏、腌菜等，名传江南。

(9) 清朝著名女点心师萧美人，以善制馒头、糕点、饺子等点心而闻名。

(10) 清代乾隆时名厨王小余，袁枚《随园食单》有许多方面得力于王小余的见解。

为什么"月饼"非要等到中秋节吃呢？

相传，元朝末年，中原的很多百姓都对元朝的残暴恨之入骨，都想推翻元朝的统治。各地起义连绵不绝。

此时在濠州的朱元璋，准备起事。兴兵造反，就要传递信息，联络时间和地点。但是，由于各地有很多起义势力的存在，官府每天都会清剿，对百姓进行严格的搜查。这就增加了起事联络的难度。

这时，朱元璋请教军师刘伯温，军师很快便想到了个妙计。他命令手下，把一种饼子送给大家，而在饼里就藏着"八月十五夜起义"的纸条。

▼ 五仁月饼

各地的义军都得到了通知。到了八月十五这天，濠州城里外都被义军包围了。整合起来的义军很快就拿下了濠州。有了攻取濠州的胜利，义军捷报频传。最终，徐达率领的义军冲进了北京城，把元大都攻克了。

志得意满的朱元璋在应天称帝。但是，他还记得当年起义时，大家吃的夹纸条的饼子。

▲ 杨柳青年画中捏饺子

于是在中秋节来临的当天，他给那个饼子赐名“月饼”，并把“月饼”赏赐给众臣，与民同乐，普天同庆。从此之后，便有了中秋节吃月饼的习俗。

中国人过传统的节日，都是离不开吃的。像中秋节吃月饼、除夕夜吃饺子、元宵节吃汤圆、端午节吃粽子一样，已经成了中国人的传统习俗。每一个节日的背后，总会有令人垂涎欲滴的节日美食。每一种节日美食，却又都有神奇曼妙的节日传说。这便是中国的节日饮食，饮食中富含丰富的民俗与文化色彩。

我们在吃月饼赏月的同时，是否也会想到月饼到底是何时出现的呢？

中国古代，月饼曾经被用作中秋祭月的贡品。至于它的创制时间则众说纷纭。有一种说法是相传商朝末年，文种太师做了一种饼，为的是方便行军打仗吃，这被看作是月饼的雏形。这个事情我们在点心那个问题中也提到过。

汉代的张骞去了西域，他发现了一种“胡饼”。这个胡饼有夹心层，类似于现在的夹心饼干，它里面有胡桃、芝麻之类的东西。张骞觉得这个东西很可口，于是便将“胡饼”带进了中原。

北宋的时候，西域引进中原的“胡饼”，被宫廷御厨给改造了。民间称它为“小饼”，饼内夹有桂花、酥酪、饴糖。后来苏轼也说“小饼如嚼月，中有酥和饴”，意思就是吃着小饼，就像在吃天上的月亮，吃起来又酥又可口。

宋代之后，月饼不仅样式更多了，就连制作工艺也有所突破。至于朱元璋起事分发的是不是真正的月饼已无从查证了。清代袁枚写的《随园食单》，记载了月饼的多种做法，其中记有一种月饼叫“酥皮月饼”，在它里面，放了松仁、核桃仁、瓜子仁、冰糖和猪油，尝起来香松柔腻。

味觉享受的同时，古人还不忘增加视觉效果。一些心灵手巧的师傅，更是在月饼上雕刻出了精美的图案，像嫦娥奔月、玉兔桂树、银河月夜等等。如今月饼不仅是一种节日美食，更被人们赋予了丰富的情感寄托。

延伸阅读

● 春节为什么要吃饺子？

按照民间传统，春节的饺子一般要在大年三十晚上12点以前包好，待到半夜子时吃，这时正是农历正月初一的开始，吃饺子取“更岁交子”的意思，“子”是指“子时”，“交”与“饺”谐音，有“喜庆团圆”和“吉祥如意”的意思。由此可见传统面食中丰富而浓郁的民俗风情。

● 元宵和汤圆有什么渊源？

据说，吃元宵和汤圆的历史起源于宋朝。当时各地新兴了一种新奇的食品，就是用各种果饵做馅，外面用糯米粉搓成球，煮熟后，吃起来香甜可口，回味无穷。这种食物一出现就受到了人们的喜爱。因为这种糯米球在锅里煮的时候一浮一沉，所以当时人们形象地叫它“浮元子”，后来有的地区把“浮圆子”“圆子”“糖元”等，后来在有些地区逐渐改称元宵了，并且做法、保存也发生了一些变化。

48 酒宴中常说“分宾主落座”，古人吃饭有什么讲究？

中国古人吃饭是相当讲究的，饮食礼仪非常完备。一般情况下，坐在主人左面的是“主宾”，右面的是“次宾”；相对应的，左面挨着主宾的是“副主陪”，右面挨着次宾的叫“次陪”

一般冲门口的位置是主人或者主人指定的人，酒桌上有时戏称为“庄主”；在他的对面的位置是主人一起来招待客人的，叫“主陪”。这两个位置各地叫法有点差异，但意思差不多。

在古代用餐中，尤其是在正式的宴会场合，更是有很多礼仪制度，如果不注意可能会引起误会，甚至引起冲突。

在《史记 · 魏其武安侯列传》中就记载了这样一件事，最后居然闹

▼西人绘清朝酒宴画

出了人命。

这年夏天，当时的丞相田蚡娶了燕王的女儿，太后下令列侯和皇族都要去祝贺。魏其侯窦婴邀请灌夫一起去，灌夫不想去，因为他最近和丞相田蚡之间不太愉快，但是窦婴硬是拉着他去了。

宴会上，酒至半酣时，武安侯起身敬酒，所有的人都赶紧从席子上站起来，然后弓着身子伏在地上还礼。过了一会，窦婴起身敬酒，只有少数几个和窦婴关系不错的人起身还礼，其他人照常坐在席子上。灌夫看到这种情景非常不高兴，他也起身敬酒，当敬到武安侯那儿时，武安侯说不能再喝满杯了。灌夫一下子火冒三丈，最终武安侯也没喝完那杯酒。灌夫再往下敬酒的时候，别人还是不离席。这种不礼貌的做法激怒了灌夫，他跟武安侯吵了起来。结果，灌夫被武安侯的属下逮了起来，窦婴想了很多办法，也没有把灌夫救出来。最后灌夫被田蚡借故杀掉了。这件事说明古代饮食习俗中是有着严格的礼仪规矩的，不讲究礼仪有可能会出乱子。

▼ 杏园夜宴图（部分）

中国是有着五千年文明的礼仪之邦，而中国的礼仪制度、风俗习惯，大多是始于饮食的。在《礼记 · 礼运》上就说，“夫礼之始，始诸饮食”。那这样的说法，有没有依据呢？中国的古人，是最崇拜天地鬼神的，于是祭祀成了头等大事。而在祭祀中，对未知神明的献食就要格外

看重。所以食礼行为，便在庄严的祭祀中产生了。

到后来，经过儒家的努力，合乎于儒家仪礼的饮食礼仪慢慢确立起来。君臣、父子、老少、男女，他们在饮宴中，一定是各有各的位置，各有各的行为约束，都必须合乎食礼，饮宴也因此变得有条不紊。

比如说皇帝，无论他多年轻，也要居中而坐。而那些臣子，即使年过花甲，也要坐在皇帝的下首。这就是儒家确定起来的食礼，等级森严，不能破坏秩序。

中国系统而完备的食礼，大概源于周代的饮食礼俗。这些礼仪在《周礼》《仪礼》《礼记》中都有明确的记载。后来儒家把自己的文化，加进了饮食中，形成了客食、待客、侍食、宴饮、进食等诸多的礼仪规范。

就连中国的帝王，也是不能摆脱饮食礼仪束缚。相传，武王姬发还是太子的时候，很喜欢吃鲍鱼。姜尚就阻止姬发，说这鲍鱼是祭祀的食品啊，你是太子，这个不符礼仪的东西，是不配太子享用的。可见，周代的食礼已相当严格。

如今，像在宴会上，请老人上座，为老人斟酒、敬酒，这样一些食礼很好地传承下来了。当然有些影响我们生活的教条性的东西，也是应该摈弃的。

延伸阅读

什么是“食礼”？

“食礼”是饮食礼仪、饮食礼制、饮食礼义、饮食礼俗、饮食礼貌、饮食礼节等概念的通称。其中，饮食礼仪是人们在饮食活动中应当遵循的社会规范与道德规范；饮食礼制是被国家礼法所肯定的饮食典章制度和重要经籍；饮食礼义是筵席时为表示某种敬意而隆重举行的各种仪式；饮食礼俗是与礼义、礼制、礼义相关并且在民间流传已久的饮食风习；饮食礼貌是餐饮活动中表示敬重与友情的日常行为规范。饮食礼节是饮食礼仪的节度和饮食礼貌的综合评价。总之，作为“礼”的一个重要组成部分，食礼是饮膳宴筵方面的社会规范与典章制度，餐饮活动中的文明教养与交际准则。

49 热门的东西常被称为“香饽饽”，面食为何受到如此追捧？

饽饽是传统面食的总称，“饽饽”这个叫法是从元代开始的。当年元世祖忽必烈改金中都为元大都，大批蒙古族人来到北京。大都的市面上开始出现了以蒙古饽饽为主的点心。到了清代，蒙古饽饽之外，又出现了满族饽饽。老北京的旗人不仅把糕点称作“饽饽”，把水饺称为“煮饽饽”，还把烤烙的面墩叫“硬面饽饽”“墩饽饽”。北京城的汉民们把蒙、满饽饽又叫“鞑子饽饽”。传说过去的京城老字号饽饽铺必须在门外悬挂用汉、满、蒙三种文字书写的牌匾，以示其正规。后来，

▼ 芝麻饼

▲ 卖糖瓜糖饼图

民间就把“饽饽”作为传统面食的总称了，比如馒头、包子、饺子都叫饽饽。

说到面食，“狗不理”包子可以说是北方传统面食的一个代表了。

“狗不理”这个名字得追溯到150年前的清代咸丰年间。当时的河北武清县杨村，也就是今天的天津市武清区，有一个叫高贵友的年轻人。他的父亲是到40岁才有了他这个儿子，因此分外珍爱。为了求得孩子的平安，按照北方民间的习俗常常是起一个贱名字。从此，“狗子”成了高贵友的小名。其实，这其中饱含着家人尤其是父亲对他的深爱。

“狗子”14岁这年，父亲把他送到天津城里学艺。天津南运河边上的刘家蒸吃铺生意很红火，“狗子”在这里是一个非常勤快、热情的小伙计，得到师傅们的喜爱，因此他被允许学做包子。这个小伙计的心灵手巧再次让他得到垂青——他练就了一手包包子的绝活。三年之后，高贵友学徒期满。此时的“狗子”已经是信心满满了，他决定自己开一家铺面——“德聚号”开张了。高贵友为了让自己的包子受欢迎，下了很多功夫。“德聚号”的包子选料讲究，馅料配制精良，并且每个包子都有15个褶，这样口感和花色极佳的食物不出名都难。高贵友的生意越做越大，来买他包子的人越来越多，高贵友忙得顾不上跟顾客说话，这样一来，吃包子的人都戏称他“狗子卖包子，不理人”。久而久之，人们喊顺了嘴，都叫他“狗不理”，把他所经营的包子称作“狗不理包子”，而原店铺字号却渐渐被人们淡忘了。

据说，当年慈禧太后还吃过狗不理包子。从此，狗不理包子名声大振，逐渐在许多地方开设了分号。一直流传到今天。

做面食离不开面粉，我国第一部农书《夏小正》的记载说明我国至少有4000年种植麦子的历史。粮食几千年来一直是中国人的主食。因此，中国人对用粮食制作的食品倍加重视。特别是自西汉出现石磨后，粮食不仅可以加工成米，而且还可以加工成面粉。面粉的磨制给食物的品种增加提供了条件。具有各地方特色的面食小吃应运而生。古时候人们用粮食做成的主食主要有糗、饼和饵、粥等。糗是一种把麦和米捣成粉后加水团成饼状再行蒸煮而成的食品。饵也是与饼同类的食品，粥就是稀饭。

西汉之前没有磨，人们吃面食很不方便。有了磨以后，面食得以逐渐在北方普及。汉魏时期，面食种类大抵有炉饼(烧饼)、汤饼(片儿汤)、笼饼(无酵蒸饼)和环饼(油炸面圈)等几类。可惜那时还不懂发面，吃不上馒头。

我国吃馒头的历史差不多有2000年。因为制作馒头的技术复杂一些，要经过发面的过程，得有相当成熟的经验，才能掌握酵母菌的生化

反应特性。只是当时不叫馒头，叫“蒸饼”。

有了馒头(蒸饼)，接着就有包子。在面里包上肉馅再蒸熟的包子的出现，是魏晋时候的事。算起来包子的历史也有1800年了。正是因为面食对普通人非常重要，并且每天都离不开，所以民间常把受到强烈追捧的事物称作“香饽饽”。

“小吃”是怎么来的？点心和小吃是什么关系？

小吃的由来，源远流长。早在1500年前南北朝的梁朝，中国人的饮食生活中已存在常馔和小食之分了。清人袁枚在《随园食单》的“点心单”一项中说：“梁昭明太子以点心为小食，（唐）郑嫂劝叔且点心，由来旧矣。作点心单。”宋人吴曾的《能改斋漫录》一书的“点心”项中亦云：“世俗例以早晨小食为点心，自唐时已有此语。”从上可见古代的点心和小食是同义词。到了唐代后期，小食已十分普及。

到了宋代，在吴氏的《中馈录》中出现了“甜食”一词，指甜点心。元代在无名氏的《居家必用事类全集》中出现“从食”一词，指饼类小食。吃点心的习惯在元代十分普遍。到了明清两代，烹饪技术有了很大发展，这时的点心制作已更加完善。李石亭的《醒园录》中记述的清代点心已经开始采用西方的蛋糕制作技术了。小吃发展今天，含义已经发生了巨大变化，与点心也彻底划清了界限。

“染指”用来形容某人插手某事，获取不应该得到的利益，它有什么来历吗？

“染指”一词出自《左传·宣公四年》：“楚人献鼋于郑灵公，公子宋与子家将见，子公之食指动，以示子家，曰：‘他日我如此，必尝异味。’……及食大夫鼋，召子公而弗与也。子公怒，染指于鼎，尝之而出。公怒，欲杀子公。子公与子家谋先。子家曰：“畜老，犹惮杀之，而况君乎？”反谮子家，子家惧而从之。夏，弑灵公……

这段史料上说：公元前605年，郑国大夫子宋与子家一同去见郑灵公。公子归生，字子家，公子宋，字子公，二人都是郑国的贵族。

有一天，公子宋和子家受到郑灵公的召见，准备进宫去。走到门口

▼ 宴乐画像石

▲ 韩熙载夜宴图

的时候，公子宋忽然停住脚步，抬起右手，笑眯眯地对子家说：“快过来看看！”

子家莫名其妙地看着公子宋的手，只见他的食指一动一动的，不禁摇了摇头，也伸出自己的右手，动了动食指，说：“这谁不会！”

公子宋哈哈大笑，说：“你以为是我让食指抖动的吗？不是！这是它自己在动。不信你再仔细看看！”

子家认真地观察了一会儿，再动了动自己的食指。果然，公子宋的食指的抖动与自己食指抖动的状态不一样。公子宋得意地晃着脑袋说：“看样子，今天肯定会有好吃的东西让咱们品尝啊！以往每当我食指动起来，都是要尝到新奇的美味啊！

子家半信半疑。于是两人进到郑灵公的宫殿里，看见厨子正在把一只已经煮熟了的甲鱼切成小块。这只甲鱼特别大，是一个楚国人进献给郑灵公的。郑灵公见这只甲鱼很大，可以分给好多人吃，决定把它分赐给大夫们尝尝。子家忍不住朝公子宋跷了跷大拇指。公子宋笑着晃起了脑袋。郑灵公见这两个人在自己的面前指手画脚，毫无规矩，不禁皱了皱眉头，问：“你们在笑什么？”

子家就把刚才宫门外的情况讲了一遍，郑灵公听了，说了句：“真有这么灵验吗？”便不再说话了。

不一会儿，大夫们陆续到齐了，用鼎煮熟的大甲鱼由厨子装进盘子，先献给郑灵公，然后分给各位公卿。郑灵公先尝了一口，称赞道：“味道不错！”示意大家一起吃。大家便津津有味地吃了起来。但是，公子宋却呆呆地坐着。原来，他面前的桌案上什么也没有。显然，这是郑灵公安排好的。公子宋窘迫不堪。他看着郑灵公，郑灵公正吃得很香，一边和大夫们说笑，似乎根本没有注意到他。他又看看子家，见子家也吃得起劲，还朝他扮鬼脸。别人吃着，自己只有看着的份，公子宋非常尴尬。

子宋也是朝廷重臣，被这样戏弄，自然是颜面扫地，一气之下也不管郑灵公同不同意，忽地站起来，走到大鼎前，伸出指头往里蘸了一下，尝了尝味道，然后，大摇大摆地走了出去。这就是后世“染指”一词的由来。

子宋的“染指”之举激怒了郑灵公，灵公宣布要杀掉这小子。子宋一看大事不妙，竟联手子家先下手为强，在这一年的夏天把郑灵公给杀了，从而造成了郑国内乱。

延伸阅读

古人都是什么时候吃饭？

古人对进餐的时间非常在意，《论语》中说：“食不时不食。”意思是说：在不应该吃饭的时候，不能进餐。如果进餐，就会被认为是一种越礼的行为。

当然，这样的规矩也有例外，那就是对于军队。行军打仗朝不保夕，首领常常会用进餐激励士卒英勇作战。《史记·项羽本纪》记载项羽听说刘邦想要在关中称王，非常生气，下令：“旦日飨士卒，为击破沛公军。”意思就是明天一早就犒赏士兵。从时间上来讲，一大早就吃饭是有违礼数的，但是项羽是为了作战和鼓舞斗志的需要下令临时更改了用餐时间。